Camile de Oliveira

FLAUTA DOCE

teoria e prática

Rua Clara Vendramin, 58 . Mossunguê
CEP 81200-170 . Curitiba . PR . Brasil
Fone: (41) 2106-4170
www.intersaberes.com
editora@intersaberes.com

Conselho editorial
Dr. Alexandre Coutinho Pagliarini
Dr.ª Elena Godoy
M.ª Maria Lúcia Prado Sabatella
Dr. Neri dos Santos
Editora-chefe
Lindsay Azambuja
Gerente editorial
Ariadne Nunes Wenger
Preparação de originais
Ana Maria Ziccardi
Edição de texto
Caroline Rabelo Gomes
Letra & Língua Ltda. - ME
Palavra do Editor

Capa e projeto gráfico
Charles L. da Silva (design)
NOVODIASTOCK/Shutterstock
(imagem de capa)
Diagramação
Regiane Rosa
Equipe de design
Charles L. da Silva
Iconografia
Sandra Lopis da Silveira
Regina Claudia Cruz Prestes

Dados Internacionais de Catalogação na Publicação (CIP)
(Câmara Brasileira do Livro, SP, Brasil)

Pinto, Camile Tatiane de Oliveira
    FLAUTA DOCE : TEORIA E PRÁTICA / Camile Tatiane de Oliveira Pinto. -- Curitiba : Editora Intersaberes, 2023. -- (Série mãos à música)

    Bibliografia.
    ISBN 978-65-5517-208-9

    1. Flauta doce - Estudo e ensino 2. Flauta doce - Música - Métodos I. Título. II. Série.

22-122106   CDD-788.3507

Índices para catálogo sistemático:
1. Flauta doce : Estudo e ensino : Música   788.3507
Cibele Maria Dias - Bibliotecária - CRB-8/9427

1ª edição, 2023.

Foi feito o depósito legal.

Informamos que é de inteira responsabilidade da autora a emissão de conceitos.

Nenhuma parte desta publicação poderá ser reproduzida por qualquer meio ou forma sem a prévia autorização da Editora InterSaberes.

A violação dos direitos autorais é crime estabelecido na Lei n. 9.610/1998 e punido pelo art. 184 do Código Penal.

SUMÁRIO

5 Apresentação
8 Como aproveitar ao máximo este livro

Capítulo 1
13 Flauta doce: noções introdutórias

14 1.1 Flauta doce no cotidiano
22 1.2 Origem e percurso
28 1.3 Flautas pelo mundo
32 1.4 Possibilidades técnicas e expressivas
35 1.5 Atributos para a iniciação musical

Capítulo 2
47 Aspectos técnicos I: postura e posição dos membros

48 2.1 Postura corporal
55 2.2 Posição das mãos e dos braços
60 2.3 Posição dos dedos
64 2.4 Lábios e eixo de equilíbrio
67 2.5 O polegar e o apoio

Capítulo 3
77 Aspectos técnicos II: produção de som

78 3.1 Respiração
83 3.2 Emissão e afinação
88 3.3 Digitação histórica e moderna

92 3.4 Extensão
95 3.5 Dedilhados alternativos

Capítulo 4
102 **Aspectos técnicos III: articulação e dinâmica**
103 4.1 Articulação simples
108 4.2 Articulação dupla
111 4.3 Articulação expressiva
115 4.4 Dinâmica e vibrato
118 4.5 Estratégias de prática

Capítulo 5
127 **História do instrumento e organologia**
128 5.1 Instrumentos em *Dó* e em *Fá*
135 5.2 Instrumentos renascentistas
138 5.3 Instrumentos barrocos
140 5.4 Instrumentos modernos
144 5.5 Cuidados com o instrumento

Capítulo 6
152 **Repertório**
153 6.1 Duetos
157 6.2 Quartetos
159 6.3 Solos
164 6.4 A música dos séculos XX e XXI
168 6.5 Estratégias de treino do repertório

175 Considerações finais
178 Referências
184 Bibliografia comentada
187 Respostas
192 Sobre a autora

APRESENTAÇÃO

A música é uma manifestação cultural que acompanha a humanidade desde os primórdios. Por meio de registros rupestres e de inúmeras pesquisas já realizadas, é possível constatar que a relação entre as pessoas e os sons é tão antiga quanto nossa existência e que tal relação favorece o surgimento de espaços de compartilhamento, expressão e ressignificações. Com base nesses registros, verificamos que os primeiros objetos feitos pelo homem com a finalidade de produzir sons foram pedaços de ossos com orifícios.

A flauta doce é derivada de instrumentos de sopro da Antiguidade. Presente em nosso cotidiano, é utilizada largamente em contextos educacionais, e suas características a tornam um instrumento acessível, sendo esse talvez o motivo pelo qual, por vezes, ela é estigmatizada.

Nesse sentido, a reflexão a respeito de seus usos, questões técnicas e percurso histórico mostra-se relevante, na medida em que contribui para a difusão de seu extenso repertório e das oportunidades que oferece como instrumento de iniciação musical e de *performance*.

Assim, nesta obra, nosso objetivo é ampliar os olhares sobre os usos da flauta doce, situando-a como um instrumento musical versátil, expressivo e acessível. Por meio de referenciais teóricos e de exercícios práticos, o flautista professor encontrará aqui subsídios para embasar tanto sua prática instrumental quanto sua atuação docente. Para isso, organizamos a obra em seis capítulos, os quais abordam noções básicas, aspectos técnicos, história e repertório para o instrumento.

No primeiro capítulo, apresentamos as discussões sobre a origem, a nomenclatura e as características da flauta doce, bem como uma importante reflexão sobre as visões e os usos aplicados a esse instrumento.

Iniciamos a abordagem especificamente prática sobre o tocar no segundo capítulo, enfocando aspectos técnicos como postura e posição dos membros, com destaque para a conscientização acerca dos fundamentos da postura ao se tocar flauta doce. Esse capítulo abrange questões sobre a relação corpo e música, instrumento, alongamento, posição das mãos e dos braços, posição das mãos e dos dedos, usos do polegar e acessórios utilizados.

No terceiro capítulo, com vistas a aprofundar o debate sobre aspectos técnicos, tratamos da emissão do ar para a produção do som, explorando as questões relacionadas à respiração e à afinação por meio de exercícios práticos, assim como a digitação, a extensão e o dedilhado alternativo.

A articulação, assunto essencial na prática da flauta doce, é o tema do quarto capítulo. Por meio da reflexão sobre o instrumento e da prática, analisamos a articulação simples, a articulação dupla, bem como a dinâmica e o vibrato, tópicos nem sempre contemplados nos métodos de flauta doce. O capítulo encerra com orientações para estruturar essa prática instrumental.

A história e a organologia da flauta doce são os temas do quinto capítulo, no qual examinamos os modelos históricos e os modernos a fim de evidenciar que a flauta faz parte de uma grande família de instrumentos de diferentes tamanhos, afinações e materiais. Explicamos, ainda, os cuidados a serem observados para aquisição, limpeza, manutenção e conservação das flautas.

No sexto capítulo, o ponto central é a música solo, para duas ou quatro vozes, de diferentes níveis e de diferentes épocas e estilos. Apresentamos as fases e os aspectos sobre o repertório da flauta doce no decorrer do tempo, até a música contemporânea. Nesse capítulo, você será estimulado a participar da criação dos sons com base em uma partitura não convencional e encontrará sugestões de peças para apreciação, de modo a ampliar seu repertório e compreender a flauta como um instrumento artístico de variadas possibilidades sonoras e expressivas.

Por fim, salientamos que nossa intenção com os conteúdos teóricos e práticos aqui abordados é contribuir tanto com sua formação como instrumentista quanto com sua atuação como professor de flauta doce. Na área da música e, especificamente, quando se trata de um instrumento musical, é necessário que o professor seja também praticante e que busque o aprimoramento técnico, o qual, certamente, favorece sua prática pedagógica. Afinal, apenas quando se toca flauta doce é que se pode ensinar a tocar esse instrumento.

Além de estimular a prática, incentivamos a pesquisa e a autonomia por parte do professor de flauta, de maneira que as indicações aqui apresentadas possam ser adaptadas a cada contexto educacional.

Desejamos que este seja apenas o início de uma doce jornada musical. Aproveite!

COMO APROVEITAR AO MÁXIMO ESTE LIVRO

Empregamos nesta obra recursos que visam enriquecer seu aprendizado, facilitar a compreensão dos conteúdos e tornar a leitura mais dinâmica. Conheça a seguir cada uma dessas ferramentas e saiba como estão distribuídas no decorrer deste livro para bem aproveitá-las.

Introdução do capítulo

Logo na abertura do capítulo, informamos os temas de estudo e os objetivos de aprendizagem que serão nele abrangidos, fazendo considerações preliminares sobre as temáticas em foco.

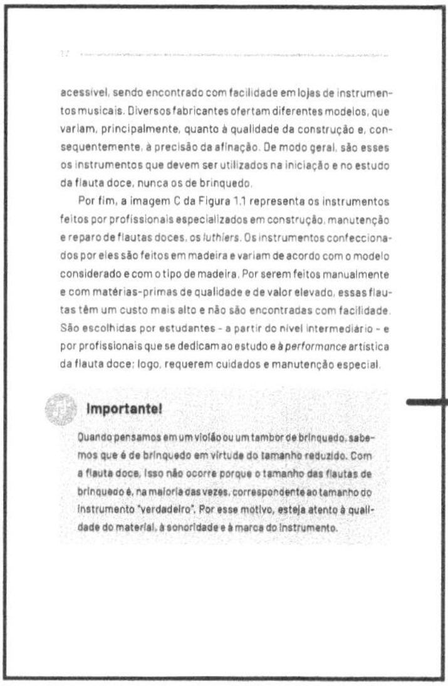

Importante!

Algumas das informações centrais para a compreensão da obra aparecem nesta seção. Aproveite para refletir sobre os conteúdos apresentados.

Fique atento!

Ao longo de nossa explanação, destacamos informações essenciais para a compreensão dos temas tratados nos capítulos.

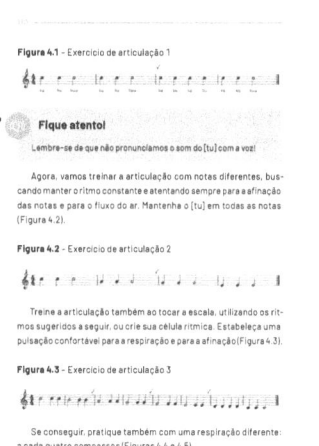

Curiosidade

Nestes boxes, apresentamos informações complementares e interessantes relacionadas aos assuntos expostos no capítulo.

Indicações culturais

Para ampliar seu repertório, indicamos conteúdos de diferentes naturezas que ensejam a reflexão sobre os assuntos estudados e contribuem para seu processo de aprendizagem.

Com relação à formação superior, a flauta doce está presente nos cursos de licenciatura e de bacharelado em Música. Na licenciatura, o potencial pedagógico e o artístico são trabalhados com os futuros professores, considerando-se a diversidade de possibilidades de atuação desses profissionais. No bacharelado, o foco é a *performance* do instrumento, mas também são contemplados aspectos específicos relacionados ao ensino.

Síntese

Neste capítulo, explicamos que a flauta doce é um instrumento importante tanto para a educação musical quanto para a *performance* artística. Sua origem é tão antiga quanto a da humanidade e ela continua presente em nosso cotidiano.

Seu repertório, sua técnica e sua musicalidade podem ser tanto virtuosísticos e avançados quanto simples e iniciantes. Algumas de suas características fazem dela um instrumento utilizado com frequência na iniciação instrumental e depende dos professores que ela seja conhecida e praticada com respeito e reconhecimento.

Síntese

Ao final de cada capítulo, relacionamos as principais informações nele abordadas a fim de que você avalie as conclusões a que chegou, confirmando-as ou redefinindo-as.

Atividades de autoavaliação

Apresentamos estas questões objetivas para que você verifique o grau de assimilação dos conceitos examinados, motivando-se a progredir em seus estudos.

Atividades de autoavaliação

1. Assinale a afirmativa correta com relação aos usos da flauta doce no cotidiano:
   a) A flauta doce é um instrumento presente em situações diversas do cotidiano, motivo pelo qual algumas concepções equivocadas permeiam seu uso.
   b) Por ser um instrumento mais fácil de aprender, a flauta é um instrumento utilizado amplamente na educação musical.
   c) As flautas de brinquedo são mais baratas, o que contribui para tornar o ensino acessível.
   d) O repertório para a flauta doce é composto, exclusivamente, por músicas infantis e por músicas folclóricas.
   e) A flauta doce segue um padrão único com relação ao tamanho, ao material e à construção.

2. Analise as afirmativas a seguir sobre o percurso histórico da flauta doce e marque V para as verdadeiras e F para as falsas.
   ( ) A data do surgimento da flauta doce pode ser estabelecida com precisão.
   ( ) Um dos primeiros instrumentos musicais encontrados é um tipo de flauta feito com ossos de animais.
   ( ) Existem registros sobre a flauta em diversas civilizações antigas, e seu uso tinha relação com aspectos ritualísticos, místicos e do cotidiano.
   ( ) O auge da flauta doce compreendeu do período renascentista até o período barroco.

Atividades de aprendizagem

Aqui apresentamos questões que aproximam conhecimentos teóricos e práticos a fim de que você analise criticamente determinado assunto.

 Atividades de aprendizagem

Questões para reflexão

1. Procure lembrar-se de seu primeiro contato com a flauta doce: Onde ele aconteceu, qual foi sua impressão e como você se sentiu produzindo ou ouvindo o som da flauta doce? Registre essa lembrança em um texto escrito.
2. Converse com familiares e amigos sobre a flauta doce e observe os discursos e as impressões associados à sua prática.

Atividade aplicada: prática

1. Com seus alunos, reúna flautas diferentes, incluindo as flautas de brinquedo e as flautas destinadas ao aprendizado e à performance. Mostre a diferença entre material, acabamento, bocal, encaixes e explique como isso influencia a sonoridade. Registre as impressões dos alunos sobre cada uma das flautas. Depois, promova uma roda de conversa sobre a necessidade de se utilizar um instrumento adequado, ressaltando a diferença com relação a um instrumento de brinquedo. Finalize a conversa evidenciando as diferentes flautas encontradas pelo mundo e pergunte quem tem algum instrumento de sopro em casa. Estimule os alunos a investigar outros objetos que podem produzir som ao assoprar por um tubo.

Bibliografia comentada

Nesta seção, comentamos algumas obras de referência para o estudo dos temas examinados ao longo do livro.

BIBLIOGRAFIA COMENTADA

BARROS, D. C. **A flauta doce no século XX**: o exemplo do Brasil. Recife: Ed. da UFPE, 2010.

A autora apresenta o registro das obras de compositores brasileiros para a flauta doce. Esse catálogo de música brasileira inclui detalhes sobre a instrumentação e a análise dos conceitos estéticos e composicionais das obras.

BENNETT, R. **Uma breve história da música**. 2. ed. Rio de Janeiro: J. Zahar, 1986.

O livro trata dos períodos de música de concerto europeia, incluindo detalhes sobre as transformações que ocorreram ao longo do tempo. Há também indicações de repertórios e exercícios teóricos e de apreciação musical para fixar a apreensão dos conceitos.

FRANÇA, C. C. **A primeira flauta**. Belo Horizonte: Fino Traço, 2013.

Definido pela autora como uma "fábula visual sobre a origem da música", o livro tem como tema a descoberta dos sons na flauta de osso. Sem o uso do texto verbal, o livro é um recurso didático para abordar a origem da flauta, os usos da música nas civilizações antigas e outros projetos interdisciplinares.

Capítulo 1
FLAUTA DOCE: NOÇÕES INTRODUTÓRIAS

Neste capítulo, apresentaremos as características da flauta doce e sua utilização atual, contextualizando esse instrumento conforme seus usos, sua origem, seu percurso histórico e sua relação com instrumentos de outras culturas. Por meio de uma reflexão sobre sua presença no cotidiano, pautaremos a compreensão da flauta doce como instrumento artístico e de iniciação instrumental, destacando suas possibilidades sonoras, pedagógicas e artísticas.

Para tanto, analisaremos sua nomenclatura e percorreremos o caminho em busca da origem desse instrumento, considerado o mais antigo da humanidade. Abordaremos a relação da flauta com instrumentos de outras culturas, bem como suas possibilidades técnicas e expressivas.

Destacaremos, por fim, as características que tornam a flauta doce um instrumento utilizado na educação musical e seus usos pedagógicos no contexto brasileiro.

1.1 Flauta doce no cotidiano

Uma das possíveis definições de *música* implica compreendê-la sob seu viés sociocultural, conceituando-a como uma atividade humana e, portanto, uma prática social que ocorre na cultura (Elliott; Silverman, 2015).

As questões cognitiva, social e cultural da música são tratadas também por North e Hargreaves (2008), Sloboda (2008) e Merriam (1964), que, entre outros, ressaltam a relação da música com a cultura e a sociedade. O estabelecimento de uma definição de *música* não é o objetivo deste livro, mas é necessário considerar as dimensões prática, social e cultural do fazer musical para compreendermos nossa protagonista: a flauta doce.

Dessa forma, devemos contextualizar sua presença no cotidiano, reconhecendo e problematizando as características que a tornam um instrumento familiar. Souza (2000, p. 27) aponta que, embora o conceito de *cotidiano* permita várias interpretações, podemos entender que o termo faz referência a "contextos de socialização e experiências, à formação de orientações normativas, regras, maneiras de comportamento e modos de ver o meio social impregnados de fatores socioculturais".

Em algum momento de sua jornada, é possível que você já tenha se deparado com uma flauta doce, ocasião em que pode ter tido a oportunidade de observar, manipular, ouvir ou mesmo tentar tocar esse instrumento.

Reconhecendo as diferenças quanto ao material (plástico de baixa qualidade, resina específica, madeira), ao propósito (educacional, artístico, lúdico) ou à situação (ensino formal, ensino informal, brincadeira), podemos notar que a flauta é um instrumento presente em diversas situações do cotidiano. Esse fato pode ser corroborado ao constatarmos sua comercialização em diferentes estabelecimentos, como lojas de produtos populares, de brinquedos infantis, papelarias, lojas e ateliês de música, sendo usada também como brinde em festas, por exemplo. Essa presença em múltiplos segmentos torna esse instrumento tão familiar quanto estigmatizado.

Observe as imagens da Figura 1.1. Você já viu alguma dessas flautas? O que elas têm em comum? Quais diferenças entre elas você percebe? Quais dessas flautas você considera apropriadas para o aprendizado e por quê? E para uma *performance* artística? Quais flautas você não utilizaria e por quê?

Figura 1.1 – Exemplos de flautas

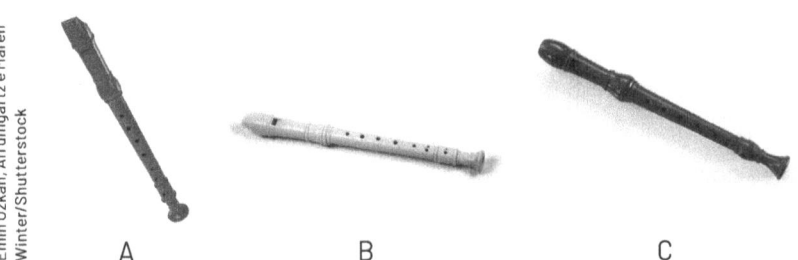

A   B   C

A imagem A da Figura 1.1 representa a flauta como um brinquedo, portanto um objeto que se relaciona com a infância. Por várias vezes, já vimos uma criança em uma festa de aniversário ou em uma festa junina que, contente e insistentemente, assopra e movimenta seus dedos aleatoriamente em sua flauta de brinquedo, possivelmente recebida como brinde. Entendida como um artefato lúdico, nesse contexto, a flauta doce está relacionada com o prazer e a alegria do brinquedo e do brincar.

Morais (2009) apresenta as diferentes definições para o termo *brinquedo*, incluindo aquela que denota a relação sublinhada na cena anterior: a flauta como um objeto de manipulação prazerosa. Isso quer dizer que, nesse caso, não há uma intenção pedagógica nem artística, tampouco regras específicas para seu uso. Esse tipo de objeto não se configura como instrumento adequado para a iniciação e a prática instrumental.

A imagem B da Figura 1.1 ilustra o instrumento pensado para a iniciação e a prática instrumental, com características específicas para um uso pedagógico musical. A qualidade da resina, a padronização na construção e na afinação, a estabilidade, a resistência e o custo do material fazem dessa flauta um instrumento com preço acessível, sendo encontrado com facilidade em lojas de instrumentos musicais. Diversos fabricantes ofertam diferentes modelos, que variam, principalmente, quanto à qualidade da construção e, consequentemente, à precisão da afinação. De modo geral, são esses os instrumentos que devem ser utilizados na iniciação e no estudo da flauta doce, nunca os de brinquedo.

Por fim, a imagem C da Figura 1.1 representa os instrumentos feitos por profissionais especializados em construção, manutenção e reparo de flautas doces, os *luthiers*. Os instrumentos confeccionados por eles são feitos em madeira e variam de acordo com o modelo considerado e com o tipo de madeira. Por serem feitos manualmente e com matérias-primas de qualidade e de valor elevado, essas flautas têm um custo mais alto e não são encontradas com facilidade. São escolhidas por estudantes – a partir do nível intermediário – e por profissionais que se dedicam ao estudo e à *performance* artística da flauta doce; logo, requerem cuidados e manutenção especial.

 Importante!

Quando pensamos em um violão ou um tambor de brinquedo, sabemos que é de brinquedo em virtude do tamanho reduzido. Com a flauta doce, isso não ocorre porque o tamanho das flautas de brinquedo é, na maioria das vezes, correspondente ao tamanho do instrumento "verdadeiro". Por esse motivo, esteja atento à qualidade do material, à sonoridade e à marca do instrumento.

Embora a presença da flauta doce possa ser frequente, isso não significa que o conhecimento sobre esse instrumento seja proporcional à familiaridade que as pessoas têm com ele. Algumas situações indicam essa lacuna de conhecimento, como a crença equivocada de que a flauta doce não é um instrumento "sério" (retomaremos esse assunto adiante). Ainda nesse sentido, quem já utilizou a flauta doce com crianças possivelmente já tenha escutado uma pergunta como: "Existe a flauta salgada?" ou "Mas ela é doce?". Outra situação que pode ocorrer é a de quem posiciona a flauta lateralmente em relação ao corpo, tal como se faz com a flauta transversal.

Além disso, é possível também que, de todos os instrumentos que fazem parte da família da flauta doce, apenas o tamanho soprano seja conhecido. Pensando nisso, veja os instrumentos ilustrados na Figura 1.2 e analise: Qual deles podemos chamar de *flauta doce*?

Figura 1.2 – Exemplares da família da flauta doce

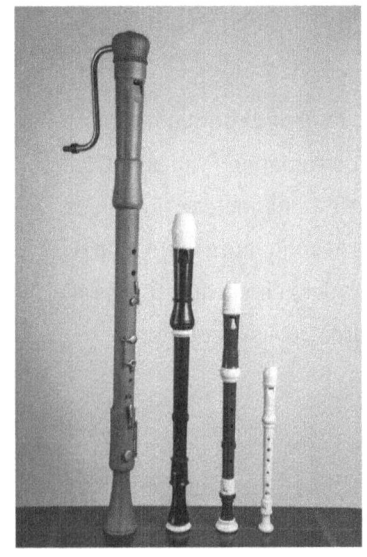
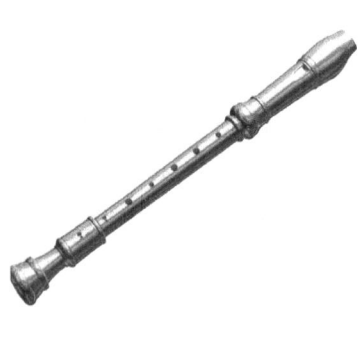

A resposta para essa pergunta é: todos! Todos os instrumentos da Figura 1.2 recebem a denominação de *flauta doce* e são formados por um bocal e um tubo com oito orifícios: sete frontais e um posterior.

A diferença entre essas flautas é o período em que foram construídas e utilizadas, além do tamanho, o que faz com que tenham registros diferentes, porém com timbres característicos de flauta doce. Conforme veremos adiante, a flauta doce é uma grande família de instrumentos, sendo os tamanhos soprano, contralto, tenor e baixo os mais usados. A flauta do tamanho soprano é a mais conhecida e utilizada, especialmente no contexto da educação musical e da iniciação instrumental.

Segundo Lasocki (2001), a flauta doce é um "Instrumento de sopro de madeira com sete orifícios para os dedos e um para o polegar da mão esquerda; é soprado pela extremidade, através de um bocal em apito, composto por um bloco". Na Seção 1.2, trataremos dos instrumentos que formam a família da flauta doce e de suas características em cada período histórico.

O modelo de flauta doce que utilizamos frequentemente para a iniciação e a prática instrumental é composto por três partes – cabeça, corpo e pé –, as quais estão detalhadas e nomeadas a seguir, na Figura 1.3.

Figura 1.3 – Partes da flauta doce

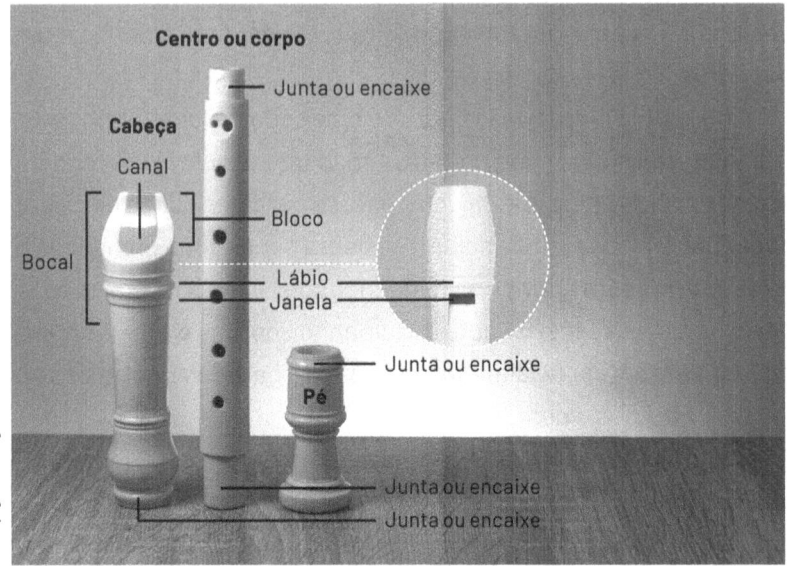

Além dos modelo apresentado na figura, existem outros que compõem a família da flauta doce, caracterizada por sua diversidade de modelos e tamanhos. Há também uma diversidade de nomenclaturas em outros idiomas.

No Brasil, utilizamos o termo *flauta doce* e, de modo isolado – em um método apenas –, encontramos o nome *flauta block*. Em Portugal, usa-se *flauta de bisel*. De maneira semelhante ao português, ou seja, com o emprego da palavra *doce*, em espanhol, utiliza-se a denominação *flauta dulce*; em italiano, *flauto dolce*. Existem nomenclaturas referentes à parte do bocal, como no caso do francês, em que se usa *flûte à bec*; em alemão, é encontrada a denominação *blockflüte* e, em holandês, *blokfluit*, ambas em referência especificamente ao bloco, que é parte do bocal por onde se assopra.

Uma nomenclatura diferente é utilizada no inglês, em que a flauta doce é chamada de *recorder*, possivelmente em razão da relação com a palavra *ricordare*, do latim, que significa "recordar", "lembrar"; no caso, "tocar de memória".

A palavra *flauta* (desacompanhada do adjetivo *doce*) também já designou o instrumento flauta doce, inclusive em outros idiomas, como indicam as palavras *flûte*, *flöte*, *flaut*, diferenciando-se da flauta transversal, denominada, então, de *flauto traverso*, *german flute* ou *flute d'allemande* (Paoliello, 2007).

A possível razão para o uso da palavra *doce* na composição do nome da flauta é explicada por Cuervo e Pedrini (2010, p. 54): "A flauta doce é o instrumento que possui a onda sonora de frequência mais próxima à onda senoide, ou seja, a onda pura. Advém daí as históricas associações entre seu som doce ao próprio nome, que em vários idiomas está diretamente relacionado à sua sonoridade".

Neste livro, utilizaremos tanto o termo *flauta doce* quanto o termo *flauta*, reforçando a necessidade de se empregar tanto o instrumento quanto a nomenclatura corretamente; portanto, termos como *flautinha* não devem ser usados, independentemente da ocasião e do público.

Curiosidade

Quem toca violão é violonista, e quem toca bateria é baterista. Quem toca flauta doce pode ser chamado de *flautista doce*, *flautista* ou *dulcista*.

1.2 Origem e percurso

Estabelecer precisamente a origem e a data do surgimento de um instrumento pode ser uma tarefa desafiadora, especialmente em se tratando de um instrumento cujas origens são tão antigas quanto o próprio *Homo sapiens*. Uma flauta feita de osso de ave e outra feita de osso de mamute são os registros mais antigos de instrumentos musicais utilizados pela humanidade; teriam entre 42 e 43 mil anos e foram encontradas em uma caverna na Alemanha. Observe a Figura 1.4, a seguir.

Figura 1.4 – Flauta da Idade do Gelo esculpida no osso da asa de um abutre

mountainpix/Shutterstock

À semelhança do que observamos sobre a presença da flauta em nosso cotidiano, esse instrumento musical era parte também da vida daquelas populações, que produziam sons assoprando em um tubo com finalidades específicas.

Araújo (1999, p. 1) explica as funções da flauta na Antiguidade:

> Na era paleolítica, tais fatos tinham ligações com o simbolismo das culturas e os fenômenos sonoros ligados a esses objetos tinham um significado místico. Como os tambores, a flauta foi inventada

para servir a rituais de magia. Era usada por curandeiros das tribos como um instrumento de auxílio em suas comunicações com o mundo dos espíritos, para curar doenças, cessar a chuva e assim por diante.

 Indicação cultural

Será que um instrumento feito de osso, descoberto em escavações, que data do período dos neandertais, produziria som atualmente? Como seria esse som? É possível fazer uma viagem que nos leva diretamente aos tempos pré-históricos ao ouvir o som da flauta neandertal. Para mergulhar nos sons das cavernas, assista ao vídeo:

NEANDERTHAL Bone Flute Music. Disponível em: <https://youtu.be/sHy9FOblt7Y>. Acesso em: 6 jul. 2022.

Outros registros dos ancestrais da flauta foram encontrados entre as descobertas relativas às civilizações antigas, incluindo egípcios, gregos e aquelas que habitaram o continente americano. Os exemplares localizados e a iconografia indicam que essas flautas variavam em tamanho, formato, material (como bambu, osso e argila), quantidade e distância entre os orifícios. Não é possível traçar seu percurso histórico de modo preciso, entretanto Araújo (1999, p. 1) explica como, possivelmente, ocorreu o desenvolvimento da flauta doce:

> Em seus estágios iniciais, a flauta tinha várias formas, desde um pequeno apito feito a partir de osso de avestruz, passando pelo tubo de bambu com um corte em forma de forquilha (que mais tarde se transformaria na flauta doce) e ainda algumas fabricadas

a partir de cascas de frutas que, após secas, deixavam uma cavidade oca em seu interior. Com o passar do tempo, orifícios foram sendo adicionados às flautas e suas outras formas.

Figura 1.5 – Flautas antigas

Shakuhachi (Japão)   Flauta africana

A padronização relacionada ao formato e à quantidade de orifícios é encontrada na Europa a partir do século XII, quando as flautas de seis orifícios se tornaram comuns, mas ainda não eram chamadas de *flauta doce*. O uso do instrumento de oito orifícios e nomeado como *flauta doce* aconteceu no século XV e pode ser considerado um marco em seu desenvolvimento. A flauta doce, portanto, não "surgiu" de súbito; como esclarece Hunt (citado por Paoliello, 2007, p. 6), "uma coisa é certa, a flauta doce não foi criada de repente, mas desenvolvida gradualmente a partir de instrumentos folclóricos da família dos sopros".

A partir do século XV, o uso artístico da flauta se consolidou e, no Renascimento, atingiu notoriedade. Esse instrumento foi o mais utilizado nesse período, por isso o século XVI é considerado "o século de ouro da flauta doce" (Tettamanti, 2015, p. 28). Nessa época, não apenas músicos amadores e a nobreza a tocavam, mas também músicos profissionais, tanto em conjuntos formados apenas com esse instrumento quanto em grupos com outros instrumentos.

Com a larga utilização da flauta doce, houve um aumento nas publicações de tratados e de repertórios destinados a músicos profissionais e amadores. Observe, nas Figuras 1.6 a 1.8, alguns registros da época.

Figura 1.6 – Livro *Fontegara, la quale insegna di sonare di flauto*

Fonte: Ganassi, 2002 [1535].

Figura 1.7 – Conjunto renascentista de flautas doces

ROMANINO, Girolamo. **Quarteto de flautistas**. 1532. Afresco. Castello del Buonconsiglio, Trento, Itália.

Figura 1.8 – Conjunto renascentista de flauta doce com outros instrumentos

Pintura italiana anônima do século XVI.

Nesse apogeu da flauta doce, os instrumentistas tocavam de modo a imitar a voz humana, pois esse era um padrão a ser seguido na música instrumental em geral. Arranjos instrumentais de canções vocais para várias vozes de flautas e a música sacra são o repertório principal do Renascimento, período em que a flauta doce integrou conjuntos, tendo sido utilizada como solista, ampliando o seu desenvolvimento técnico.

No período barroco, a flauta continuou a ser um instrumento importante e bastante empregado, porém sua estrutura foi modificada para aumentar sua extensão e aperfeiçoar seu timbre. Com isso, os recursos técnicos foram ampliados e possibilitaram ao flautista a execução de peças mais difíceis, de caráter virtuoso, uma das características do barroco. As composições de Haendel, Vivaldi, Bach e Telemann são parte do repertório dos flautistas, reconhecidas por seus desafios técnicos e artísticos.

O auge da flauta durou, aproximadamente, até o século XVIII, quando caiu em desuso porque seu espaço foi sendo ocupado pela flauta transversal, mais adequada às demandas estéticas e sonoras da música orquestral.

Nesse contexto, a flauta doce permaneceu adormecida até o final do século XIX, período em que o interesse pela música dos períodos renascentista e barroco contribuiu para sua redescoberta. Esse movimento adentrou o século XX e continua até a atualidade.

O desenvolvimento da flauta doce no decorrer do tempo culminou nos modelos que utilizamos com mais frequência atualmente – a flauta renascentista e a flauta barroca –, das quais trataremos no Capítulo 2.

Com esse breve percurso histórico, é possível constatar que, independentemente da linearidade de seu desenvolvimento, desde os primórdios, a humanidade sentiu a necessidade de fazer música assoprando por um tubo, manifestação que tem um significado ritualístico, mágico e, também, de entretenimento.

1.3 Flautas pelo mundo

Como vimos, a flauta doce não surgiu de repente, ao contrário, ela foi se constituindo com base em instrumentos de sopro utilizados em diferentes épocas e localidades. Esses "ancestrais" da flauta doce formam seu tronco familiar, englobando instrumentos de sopro de diferentes localidades; em comum, eles têm o formato de tubo com orifícios e a ausência de chaves.

Por vezes chamadas de *instrumentos folclóricos*, essas flautas podem ser verticais, transversas, de bico, com ou sem bocal, e podem ter ou não orifícios para os dedos, conforme observamos nas imagens das Figuras 1.9 a 1.12.

Figura 1.9 – Flauta egípcia *ney*[1]

Ron Perovich/Shutterstock

...
1   Escute o som dessa flauta em: ANCIENT Egyptian Flute Ney Music. Disponível em: <https://www.youtube.com/watch?v=wYQ_ol3L9Ag>. Acesso em: 6 jul. 2022.

Figura 1.10 – Flauta irlandesa, *tin whistle*[2]

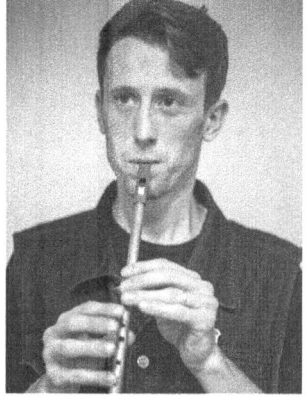

Figura 1.11 – Flauta de Pã ou flauta andina[3]

...
2   Escute em: CONTENTMENT is Wealth, Jig; the Mooncoin Jig / Mary Bergin, Tin Whistle. Disponível em: <https://www.youtube.com/watch?v=yXuGAjaae3M>. Acesso em: 6 jul. 2022.
3   Escute em: EL CÓNDOR Pasa – Inca Son. Disponível em: <https://www.youtube.com/watch?v=XOSbuaX4AMY>. Acesso em: 6 jul. 2022.

Figura 1.12 – Flauta japonesa *shakuhachi*[4]

Nas populações indígenas brasileiras, há também uma variedade de instrumentos aerófonos, ou seja, aqueles cujo som é produzido a partir da vibração do ar. Esses instrumentos variam de tamanho, formato, material e forma de assoprar. Entre eles estão as flautas retas e transversais, as flautas de Pã, as flautas-apito, as flautas nasais, as ocarinas, as buzinas (trompa natural) e os instrumentos de sopro com palhetas (Pucci; Almeida, 2018).

Esses instrumentos de sopro inserem-se na cultura indígena e compõem sua expressão musical junto ao movimento, com a dança, com os ritos e com os mitos. Pucci e Almeida (2018) apresentam uma versão do mito do Uakti:

---

4   Escute em: SHAKUHACHI. Traditional Japanese Songs. Disponível em: <https://www.youtube.com/watch?v=4A_NrfG7Cw8>. Acesso em: 6 jul. 2022.

Uakti, três palmeiras

Antigamente, existia um espírito com formas humanas e o corpo repleto de furos chamado Uakti, que vivia às margens do rio Negro. Quando o vento passava pelos seus furos, seu corpo produzia sons soturnos que encantavam todas as mulheres da aldeia. Toda vez que Uakti aparecia, as mulheres iam para a beira do rio para ouvir o som desse ser mágico. Os homens, muito ciumentos, resolveram perseguir Uakti e criaram uma armadilha poderosa para destruí-lo. Depois de muitas tentativas, conseguiram capturá-lo e matá-lo. No lugar onde os homens enterraram o corpo de Uakti nasceram três altas palmeiras que abrigavam o seu espírito. Desde então, os instrumentos feitos dessa palmeira fazem uma música misteriosa e intrigante, semelhante aos sons produzidos pelo corpo de Uakti.

Fonte: Pucci; Almeida, 2018, p. 155.

Figura 1.13 – Flauta uruá da aldeia Kamaiurá, Alto-Xingu

Ricardo Teles/Pulsar Imagens

Longe de serem peças de museu ou objetos exóticos, esses exemplares – com diferentes afinações e timbres – ainda são utilizados em suas localidades e fazem parte de cada uma dessas culturas. Seu uso e sua sonoridade podem ter relação com rituais religiosos, ritos, cerimônias e com o trabalho. A variedade desse tipo de instrumento é tão grande quanto as localidades e as culturas que coabitam no planeta. Com a finalidade de valorizar essa diversidade de flautas e culturas, surgiu o festival Magic Flute, que reuniu diversos tipos de flauta e flautistas de diferentes localidades[5].

Esses instrumentos têm características diferentes da flauta doce, portanto não é evidente uma relação direta com ela. Entretanto, observa-se a presença das flautas em diferentes culturas, o que reafirma sua versatilidade, sua diversidade e sua ligação com o cotidiano das pessoas.

1.4 Possibilidades técnicas e expressivas

Considerando todos esses usos da flauta doce no cotidiano brasileiro e repertórios como *Asa branca*, *Parabéns a você* ou, ainda, a canção natalina *Bate o sino*, associados com frequência ao uso do instrumento, percebemos que, no imaginário popular, a flauta é entendida como um instrumento para crianças tocarem músicas infantis ou folclóricas.

No entanto, como já apontamos, a flauta doce foi a inspiração para composições musicais de diversos períodos. Especialmente

• • •
5   Para ver e ouvir esses diferentes timbres e sonoridades reunidos, acesse: RUDOLSTADT Festival 2013 – The Magic Flute Project. Disponível em: <https://www.youtube.com/watch?v=q-vJCPvAxuc>. Acesso em: 6 jul. 2022.

durante o Renascimento e o Barroco, a flauta doce teve sua potencialidade técnica e expressiva explorada de modo virtuosístico. A flauta oferece possibilidades de iniciação musical e de desenvolvimento artístico e musical.

Abordaremos a pluralidade do repertório em outros capítulos, mas cabe observar que, em se tratando de ampliação de possibilidades sonoras, as técnicas estendidas (grafada com "s" mesmo) são um importante recurso da *performance* que pode ser aplicado na flauta doce. As técnicas estendidas são modos "de tocar ou cantar que exploram possibilidades instrumentais, gestuais e sonoras pouco utilizadas em determinado contexto histórico, estético e cultural" (Padovani; Ferraz, 2011, citados por Castelo, 2018, p. 28). Os timbres e os efeitos diferentes resultantes da utilização dessas técnicas são comumente associados à música contemporânea, embora não sejam específicos dela, ocorrendo também na música de outros períodos históricos.

Na flauta doce, inicie a pesquisa sobre suas outras possibilidades sonoras da seguinte forma: desmonte sua flauta; explore as partes dela assoprando, tampando e abrindo e até mesmo percutindo – com cuidado – suas partes. Esses sons podem sonorizar histórias ou integrar jogos musicais, improvisos e composições. Diferentes efeitos percussivos, de dedilhado, embocadura, sopro, vibrato, articulação, glissando, dinâmicas e até com a voz podem ser utilizados, o que aumenta suas possibilidades expressivas e estilísticas na prática da flauta doce. O *frullato* é um desses efeitos, cujo resultado é um som trêmulo obtido por meio do movimento gutural ou da língua articulando a consoante (Castelo, 2018).

Observe e escute os seguintes efeitos das técnicas estendidas na flauta doce:

- Flautista utilizando duas flautas ao mesmo tempo.

Busque diferenciar a sonoridade de cada uma das duas flautas, tocadas simultaneamente.

BLACK Intention – Exemplo 13. Disponível em: <https://www.youtube.com/watch?v=wXHIzuXuBb4&feature=youtu.be>. Acesso em: 6 jul. 2022.

- Crescendo.

Observe que o som crescerá em intensidade a cada repetição do trecho.

MEDITATION – exemplo 7. Disponível em: <https://www.youtube.com/watch?v=bEHirA0XWWE&feature=youtu.be>. Acesso em: 6 jul. 2022.

- Articulações.

Perceba a sonoridade nas trocas de uma nota para a outra.

MEDITATION – exemplo 5a. Disponível em: <https://www.youtube.com/watch?v=DoRC_W4FJLw&feature=youtu.be>. Acesso em: 6 jul. 2022.

- *Frullato.*

Aos 10:16, perceba o resultado sonoro do uso da língua ao assoprar.

FLUTTERTONGUE and Rolling Your Rs. Disponível em: <https://www.youtube.com/watch?v=fMp4bG3Co7o>. Acesso em: 6 jul. 2022.

Considere o uso das técnicas estendidas ao tocar a flauta doce na iniciação instrumental com crianças, jovens, adultos e idosos, bem como na *performance* artística da flauta, sendo possível encontrar repertórios de diversas épocas nos quais se utilizam esses recursos que extrapolam a organização convencional dos sons. Explore os efeitos sonoros e expressivos das técnicas estendidas, incluindo-os na prática de diversos repertórios, como o choro e o *jazz*.

Indicação cultural

Escute a peça *Fragmente* (1968), de Makoto Shinohara, composta para flauta doce e observe a utilização das técnicas estendidas durante toda a peça, como o glissando e o *frullato*. Aos 5:00, perceba as seguintes sonoridades: um acento nas notas, notas muito rápidas, o *frullato*, um efeito de apito na flauta finalizando com um trinado.

AKOTO Shinohara: Fragmente (1968). Disponível em: <https://www.youtube.com/watch?v=gA1HJiUpCWY>. Acesso em: 6 jul. 2022.

1.5 Atributos para a iniciação musical

Como já pontuamos, a flauta doce, por vezes, é associada ao universo infantil, sendo considerada, comumente, como um brinquedo, e não como um instrumento musical. Em alguns contextos, ela é vista como um instrumento de passagem, que deve ser abandonado assim que a criança começar a tocar um instrumento "sério", "de verdade", "definitivo". Outro estigma é o de que é um instrumento mais "fácil de aprender", motivo que faz com que ela seja utilizada na escola.

As práticas de musicalização infantil, a iniciação instrumental e a utilização da flauta doce na escola reforçam o frequente uso da flauta com as crianças. Embora seu uso extrapole esses contextos, é importante compreender as razões de a flauta doce ser um instrumento utilizado com frequência na iniciação musical.

Na década de 1930, o inglês Edgar Hunt introduziu o uso da flauta nas escolas regulares. Ele tocava outros instrumentos de sopro e percebeu que, na flauta doce, é possível produzir som de modo imediato, diferentemente do que acontece com outros instrumentos de sopro. Além dessa aparente facilidade, o baixo custo do instrumento foi um atrativo para que Hunt começasse a utilizá-la no contexto escolar. De acordo com ele, também poderiam ser apontados outros benefícios: "tocar flauta doce treina os ouvidos, olhos e dedos. Ouvidos para checar afinação, olhos para ler música, e dedos prontos para dominar qualquer dedilhado. E também treina as crianças para o início da prática de conjunto"(Hunt, 2002, p. 135, citado por Freixedas, 2015, p. 49).

Após a Segunda Guerra Mundial, um novo movimento de popularização da flauta teve início na Alemanha, estimulado pela fabricação em larga escala de flautas com baixo custo. Carl Orff (1895-1982), músico e educador musical alemão, utilizou a flauta em sua proposta de educação musical, em conjunto com outros instrumentos como o xilofone e a percussão. Em outros países da Europa, a flauta também começou a se propagar. No Japão, ocorreu o mesmo, inclusive com um aprimoramento na qualidade desses instrumentos.

No Brasil, os registros indicam que o uso pedagógico da flauta doce teve início por volta de 1950. Com a chegada das flautas de resina Yamaha, na década de 1970, a flauta se popularizou em diversos estados (Aguilar, 2017). Assim como aconteceu na Europa, em solo brasileiro, a flauta se difundiu como um instrumento para a iniciação musical das crianças. Esse movimento inspirou publicações como *Primeiro caderno de flauta-block*, de Maria Aparecida Mahle (1959), e *Vamos tocar flauta doce*, de Helle Tirler (1970), contribuições importantes e que são utilizadas até hoje. A seguir, na Figura 1.14, reproduzimos a capa do segundo material citado.

Figura 1.14 – Capa do livro *Vamos tocar flauta doce*

Fonte: Tirler, 2020.

Na escola regular, bem como em conservatórios, escolas de música, projetos sociais e universidades, a flauta doce mantém seu *status* de primeiro instrumento. As razões para isso são: a facilidade de aquisição e transporte; o tamanho acessível à criança; a não necessidade de uma embocadura específica; e a possibilidade de formar grandes grupos com instrumentistas de diferentes níveis técnicos. O custo baixo, a resistência e a fácil higienização da flauta de resina também contribuem para essa situação (Lira, 1984; Marques, 2012; Cuervo, 2009, citadas por Campos; Kaiser, 2018).

Outras razões tornam a flauta doce um instrumento frequente em propostas de educação musical, de acordo com Cuervo (2009, citada por Cuervo; Pedrini, 2010, p. 55):

- Permite uma fácil iniciação técnica de execução e memorização.
- Possui modelos e manutenção acessíveis financeiramente.
- Pode ser facilmente empregada junto a outros instrumentos, além de possibilitar a integração discente e prática coletiva através da formação de conjuntos instrumentais (Beineke, 2003b).
- Possibilita o acesso a diferentes culturas, períodos históricos e gêneros musicais.
- Reúne repertório de elevado valor artístico, produzido por compositores de renome e interpretado por executantes de alto nível técnico-musical, o que também pode ser explorado na apreciação musical.

Entretanto, alguns cuidados são necessários ao se utilizar a flauta doce na iniciação musical. A popularização pode fazer com que a flauta seja vista de modo limitado, destinada apenas para crianças, ou de modo transitório, como uma parte do caminho para um instrumento "sério". Essas concepções, além de errôneas, originam outros problemas: o uso de flautas de baixa qualidade; a falta de cuidado nas práticas de ensino e aprendizagem, como o desrespeito à importância da postura correta; o descaso com a articulação e a sonoridade; e a não consideração da flauta como um instrumento "definitivo", artístico e respeitado.

O objetivo a que se visa com esses cuidados não é restringir o ensino de flauta nem limitá-lo no sentido de impor que apenas os virtuosos flautistas sejam responsáveis por seu ensino. Para evitar as concepções equivocadas e o estigma da flauta como brinquedo, cabe aos professores a responsabilidade de praticar o instrumento da melhor forma possível, buscar informações e aprimoramento, além de ensinar de maneira cuidadosa e responsável. Assim, os educadores musicais podem continuar contribuindo para a divulgação da flauta doce.

Com a promulgação das leis que garantiram o retorno da educação musical ao currículo escolar – Lei n. 11.769, de 18 de agosto de 2008, e Lei n. 13.278, de 2 de maio de 2016 (Brasil, 2008, 2016) –, a flauta doce continuou a ser utilizada com frequência nas escolas regulares, inserida nas aulas de música. O instrumento aparece na lista de materiais de algumas escolas, nas quais é presença esperada nas apresentações de datas comemorativas. Aula de flauta, porém, não é sinônimo de aula de música.

A prática instrumental é apenas uma das habilidades que a educação musical pode desenvolver. O objetivo da música na escola não é a formação instrumental dos alunos, independentemente do instrumento escolhido, e sim o desenvolvimento musical das crianças e dos adolescentes.

Educar musicalmente implica garantir experiências que envolvam a *performance*, a apreciação, a composição e a improvisação, o conhecimento de processos de leitura e de escrita convencional e não convencional e a exploração de fontes sonoras com vistas à expressão de ideias musicais. Certamente, a flauta doce pode ser inserida nesse processo, desde que seu uso não se restrinja à prática de repertório de datas comemorativas.

A flauta doce pode ser parte das aulas de música nas escolas e utilizada para valorizar seus recursos sonoros e expressivos. Sobre seus usos em práticas de iniciação musical – tanto na escola quanto em outros espaços de educação formal ou informal –, as questões observadas por Beineke (2003) permanecem relevantes e necessárias:

- Valorizar as práticas musicais dos alunos: deve-se considerar o conhecimento dos alunos, levando em conta suas sugestões e seus repertórios na prática do instrumento.
- Priorizar a fluência musical: é importante que os alunos desenvolvam seu domínio técnico, na medida em que ele contribui para a expressão musical. Isso significa fazer com que a técnica – respiração, dedilhado, postura – colabore para a expressão e a fluência musical.
- Estimular a atitude criativa: os atos de criar e de improvisar possibilitam que o aluno desenvolva um discurso musical próprio, que não é apenas uma cópia ou uma imposição. Ao criar, o aluno precisa organizar ideias musicais e buscar maneiras de expressar isso em forma de música; neste caso, na flauta. É por esse motivo que as atividades de criação e improviso são tão importantes no ensino de música.
- Considerar a realidade e a motivação do aluno: o professor precisa refletir sobre o que ensinará e o sentido que isso faz para os alunos. Seja no repertório, seja no domínio da técnica, seja na metodologia utilizada para isso, é necessário que as práticas de ensino e a aprendizagem sejam significativas para os discentes. A motivação do aluno em aprender é um fator que depende do quanto isso é relevante para ele, e isso influencia seu engajamento e sua participação nas aulas.

- Acolher a diversidade: isso deve ser observado principalmente em contextos coletivos. Em uma sala de aula ou em um grupo, existem aqueles que têm mais facilidade, outros que têm dificuldades e, até mesmo, os que não gostam da flauta. É importante incluir todos e todas nas práticas musicais, valorizando a diversidade em vez de impor um desempenho homogêneo. Deve-se observar como cada um pode contribuir e construir alternativas em conjunto com os alunos.
- Explorar as oportunidades do trabalho em grupo: uma das vantagens de se utilizar a flauta é a possibilidade de montar grupos de flautas, algo que, por questões financeiras e de espaço físico, torna-se inviável com outros instrumentos. O trabalho em pequenos grupos – que, na sala de aula, pode ocorrer ao se dividir a turma em grupos menores – ajuda o professor a ouvir cada aluno e, ao mesmo tempo, faz com que os próprios alunos se ajudem, aprendendo e ensinando entre os pares, desenvolvendo a autonomia e a socialização.
- Valorizar a música brasileira: o repertório deve considerar a diversidade das manifestações musicais do mundo, o que abrange a música brasileira. Para tanto, é possível começar pela cultura musical local, incluindo as manifestações da cultura popular da região em que se está. Utilizar o folclore brasileiro, folguedos, danças, ritmos populares, entre outros, e construir um arranjo com flautas, vozes, percussão e outros instrumentos torna o trabalho com a flauta doce uma experiência de ampliação cultural dos envolvidos.

Com relação à formação superior, a flauta doce está presente nos cursos de licenciatura e de bacharelado em Música. Na licenciatura, o potencial pedagógico e o artístico são trabalhados com os futuros professores, considerando-se a diversidade de possibilidades de atuação desses profissionais. No bacharelado, o foco é a *performance* do instrumento, mas também são contemplados aspectos específicos relacionados ao ensino.

▷▷ Síntese

Neste capítulo, explicamos que a flauta doce é um instrumento importante tanto para a educação musical quanto para a *performance* artística. Sua origem é tão antiga quanto a da humanidade e ela continua presente em nosso cotidiano.

Seu repertório, sua técnica e sua musicalidade podem ser tanto virtuosísticos e avançados quanto simples e iniciantes. Algumas de suas características fazem dela um instrumento utilizado com frequência na iniciação instrumental e depende dos professores que ela seja conhecida e praticada com respeito e reconhecimento.

Atividades de autoavaliação

1. Assinale a afirmativa correta com relação aos usos da flauta doce no cotidiano:
    a) A flauta doce é um instrumento presente em situações diversas do cotidiano, motivo pelo qual algumas concepções equivocadas permeiam seu uso.
    b) Por ser um instrumento mais fácil de aprender, a flauta é um instrumento utilizado amplamente na educação musical.
    c) As flautas de brinquedo são mais baratas, o que contribui para tornar o ensino acessível.

d) O repertório para a flauta doce é composto, exclusivamente, por músicas infantis e por músicas folclóricas.

e) A flauta doce segue um padrão único com relação ao tamanho, ao material e à construção.

2. Analise as afirmativas a seguir sobre o percurso histórico da flauta doce e marque V para as verdadeiras e F para as falsas.

( ) A data do surgimento da flauta doce pode ser estabelecida com precisão.

( ) Um dos primeiros instrumentos musicais encontrados é um tipo de flauta feito com ossos de animais.

( ) Existem registros sobre a flauta em diversas civilizações antigas, e seu uso tinha relação com aspectos ritualísticos, místicos e do cotidiano.

( ) O auge da flauta doce compreendeu do período renascentista até o período barroco.

Agora, assinale a alternativa que indica a sequência correta:

a) V, F, F, F.
b) V, F, V, F.
c) F, V, V, V.
d) F, V, F, V.
e) F, F, V, V.

3. Assinale a alternativa correta sobre as flautas encontradas pelo mundo:

a) O mesmo formato, o mesmo som e os mesmos materiais são utilizados nas flautas encontradas pelo mundo.

b) O tronco familiar da flauta doce reúne instrumentos de sopro de diferentes localidades.

c) As flautas que podem ser consideradas como instrumentos folclóricos existem apenas nos acervos dos museus, pois não são mais usadas.
d) As populações indígenas utilizam a flauta doce.
e) Seu uso e sua sonoridade não variam, sendo unicamente utilizadas com o propósito artístico.

4. Analise as afirmativas a seguir e marque V para as verdadeiras e F para as falsas.
( ) A flauta doce é um instrumento feito para tocar o repertório iniciante.
( ) Há uma limitação das possibilidades sonoras do instrumento.
( ) As técnicas estendidas são utilizadas apenas na música contemporânea.
( ) Os efeitos sonoros e expressivos são contribuições das técnicas estendidas que podem ser utilizados por instrumentistas de diversos níveis.
( ) Glissando e *frullato* são dois exemplos de técnicas estendidas.

Agora, assinale a alternativa que apresenta a sequência correta:

a) V, V, F, F, V.
b) F, F, F, V, V.
c) F, V, V, F, F.
d) V, F, F, V, V.
e) V, V, F, V, F.

5. Sobre a presença e a prática da flauta doce no contexto da educação musical no ensino básico, é correto afirmar:
   a) Por ser um instrumento mais fácil, a flauta é utilizada na escola.
   b) O objetivo principal da educação musical na escola é o ensino de flauta doce.
   c) Na educação musical coletiva, a flauta doce não requer cuidados específicos com a afinação e a postura ou com a qualidade do instrumento.
   d) A flauta doce pode ser parte das aulas de música nas escolas, sendo utilizada de modo a valorizar seus recursos sonoros e expressivos.
   e) Não é viável utilizar a flauta doce nas escolas de educação básica.

Atividades de aprendizagem

Questões para reflexão

1. Procure lembrar-se de seu primeiro contato com a flauta doce: Onde ele aconteceu, qual foi sua impressão e como você se sentiu produzindo ou ouvindo o som da flauta doce? Registre essa lembrança em um texto escrito.
2. Converse com familiares e amigos sobre a flauta doce e observe os discursos e as impressões associados à sua prática.

Atividade aplicada: prática

1. Com seus alunos, reúna flautas diferentes, incluindo as flautas de brinquedo e as flautas destinadas ao aprendizado e à *performance*. Mostre a diferença entre material, acabamento, bocal, encaixes e explique como isso influencia a sonoridade. Registre as impressões dos alunos sobre cada uma das flautas. Depois, promova uma roda de conversa sobre a necessidade de se utilizar um instrumento adequado, ressaltando a diferença com relação a um instrumento de brinquedo. Finalize a conversa evidenciando as diferentes flautas encontradas pelo mundo e pergunte quem tem algum instrumento de sopro em casa. Estimule os alunos a investigar outros objetos que podem produzir som ao assoprar por um tubo.

Capítulo 2

ASPECTOS TÉCNICOS I: POSTURA E POSIÇÃO DOS MEMBROS

A aprendizagem e a prática de qualquer instrumento musical exigem um trabalho consciente com a postura corporal e com a posição dos membros. Não é possível dissociar o corpo do instrumento; ao contrário, essa relação deve ser sempre investigada e aprimorada. Por essa razão, nosso objetivo, neste capítulo, é apresentar os fundamentos da postura a ser adotada quando se toca flauta doce.

Explicaremos a relação entre o corpo, a música e o instrumento por meio dos exercícios de alongamento propostos. Abordaremos também a posição correta das mãos e dos braços do instrumentista, ressaltando os princípios básicos da postura recomendada.

Em seguida, trataremos do posicionamento correto dos dedos nos orifícios da flauta doce. Por fim, apresentaremos questões importantes que complementam as indicações referentes à postura correta, às funções e às posições dos polegares, bem como os acessórios que podem ser utilizados na flauta doce.

2.1 Postura corporal

A relação do corpo com a música pode ser compreendida com base em diferentes abordagens: musicoterapia, fisioterapia, educação musical e prática instrumental.

Em sua pedagogia, o compositor e educador musical suíço Émile Jaques-Dalcroze (1865-1950) enfatizou a relação da mente, do corpo e do movimento com o ensino e a prática musical. O alemão Carl Orff (1895-1982) também considera o corpo um instrumento musical, explorando a vivência musical por meio da voz, da percussão corporal e do movimento.

No entanto, essa relação do corpo com o instrumento musical nem sempre é objeto da atenção dos instrumentistas, que podem limitar suas preocupações com o corpo à reprodução dos movimentos aprendidos, sem a consciência corporal necessária. Nesses casos, o cuidado ocorre apenas quando há uma lesão, por exemplo. Tensões na pelve, na coluna e nas articulações podem ser constatadas na prática musical, por isso o cuidado é fundamental.

A postura corporal é um assunto indispensável para o aprendizado de qualquer instrumento musical e também do canto. Observando um bom instrumentista tocar, reparamos no modo como seu corpo se integra ao instrumento, o que cria a impressão de que a música vai fluindo sem esforço, com uma aparente facilidade, de maneira orgânica, quase natural.

Essa integração pode nos induzir a pensar que a tarefa de tocar é extremamente simples. Essa aparente e enganosa facilidade não é gratuita; ela só é alcançada com muitas horas de prática consciente, na qual a repetição correta e os esforços físico e mental são trabalhados consistentemente. Para que possamos nos dedicar dessa forma a qualquer nível de prática instrumental (iniciante, intermediário, avançado), a atenção focada é fundamental, assim como é imprescindível a atenção com relação ao corpo.

A relação entre o instrumento e o corpo deve ser cuidadosamente considerada por músicos de todos os níveis ao tocar e ao ensinar outras pessoas. Uma postura desatenta quando estamos tocando flauta, por exemplo, pode dificultar a execução dos movimentos, prejudicar a produção do som – na emissão do ar e no movimento dos dedos – e influenciar a sonoridade e a saúde de nosso corpo, provocando dores e até lesões. Não é incomum que músicos e musicistas precisem afastar-se de suas atividades em razão de lesões; alguns, até mesmo, têm de encerrar precocemente suas carreiras (Fonseca; Cardoso; Guimarães, 2015).

Se observarmos uma criança que está utilizando uma flauta pela primeira vez, possivelmente constataremos o seguinte: de maneira exagerada, ela coloca boa parte do bocal na boca, o ar é excessivamente assoprado, uma das mãos agarra a flauta, e os dedos da outra mão se mexem com velocidade. Esse comportamento reproduz, de modo global, os movimentos corporais básicos envolvidos no ato de tocar flauta: segurar com as duas mãos, movimentar os dedos e assoprar. Apesar de sintetizar o movimento corporal de um flautista, a postura correta requer mais atenção e refinamento, devendo-se observar a pressão ao sustentar o instrumento, a posição da cabeça, dos braços, dos lábios, entre outros aspectos.

Como explicam Fonseca, Cardoso e Guimarães (2015, p. 87), tocar um instrumento envolve o trabalho biomecânico e musical, que, na flauta, significa

> o treinamento das seguintes técnicas: sustentação da flauta; embocadura (posicionamento dos lábios de um modo específico para direcionar a coluna de ar contra o bocal); respiração; do posicionamento da cabeça, pescoço, ombros, tronco, braços, mãos, quadril, pernas e pés e compreensão do equilíbrio postural geral durante a performance. O trabalho biomecânico permite ao flautista o desenvolvimento de técnicas de performance que vão possibilitar o desenvolvimento daquilo que se chama de trabalho musical.

De acordo com esses autores, o trabalho musical implica o treinamento das técnicas que

> permitem a produção do som em todas suas nuances musicais necessárias à performance, o que inclui o controle da afinação, capacidade de produzir sons graves, médios e agudos (registros

sonoros), homogeneidade sonora, vibrato, mudanças de timbre e a habilidade de executar escalas, arpejos e diferentes. (Fonseca; Cardoso; Guimarães, 2015, p. 87)

Como a relação entre o corpo, o instrumento e a música é indissociável e essencial para o desenvolvimento musical, é indispensável iniciar e finalizar o estudo ou a aula de instrumento com exercícios de alongamento, estimulando-se a consciência corporal, a respiração e a concentração.

O alongamento difere do aquecimento, ainda que esses termos possam ser utilizados erroneamente como sinônimos. O **alongamento** tem o objetivo de "aumentar o comprimento de estruturas moles e tecidos, os chamados músculos encurtados, e desse modo permitir a extensão da amplitude do movimento" (Vaz, 2005, p. 1, citado por Ray; Andreola, 2005, p. 24). O **aquecimento** promove um "aumento de fluxo sanguíneo corporal, do metabolismo (batimento cardíaco) e de estímulos de contração" (Goes, 2005, citado por Ray; Andreola, 2005, p. 24).

O aquecimento pode integrar o alongamento, mas, com relação à preparação para a prática musical, os alongamentos devem ser prioridade.

A seguir, exemplificaremos uma breve sequência de alongamentos proposta pelo *blog* da Musicnotes[1], líder mundial na venda de partituras, que pode ser feita e adaptada considerando-se três categorias: (1) movimentos de pescoço e ombros; (2) movimentos de cotovelos e braços; e (3) movimentos de pulso e dedos (Musicnotes, 2014).

• • •
1   Conheça em: <https://www.musicnotes.com/features/promo/sale/>. Acesso em: 6 jul. 2022.

Movimentos de pescoço e ombros

1. Como ilustrado na Figura 2.1 (movimentos 4 e 5), mais adiante, encoste sua orelha direita em seu ombro direito. Com cuidado, utilize as mãos para pressionar suavemente a cabeça em direção ao ombro enquanto mantém o outro ombro relaxado. Fique assim por 12 segundos e repita o movimento do outro lado.
2. Estique o braço direito na frente do peito enquanto gentilmente o puxa e o segura em direção ao corpo. Fique assim por 12 segundos e repita o movimento com o outro braço.
3. Deixe os braços ao lado do corpo e depois os levante lateralmente, esticando-os suavemente acima da cabeça e tocando as duas palmas das mãos. Em seguida, abaixe suavemente os braços e deixe-os relaxados. É como se fosse um exercício de polichinelo, mas sem os pulos e com movimentos mais suaves. Repita o movimento dez vezes.
4. Com os braços relaxados, levante delicadamente os ombros em direção às orelhas e, então, retorne à posição inicial. Relaxe um pouco e repita o movimento dez vezes.

Movimentos de cotovelos e braços

1. Estique os braços em frente ao corpo com as palmas voltadas para cima, sem travar os cotovelos. Flexione e estique os cotovelos e os braços lentamente. Repita o movimento dez vezes.
2. Estique os braços lateralmente em relação ao seu corpo. Depois, levante os braços de modo que as pontas de seus dedos se encostem acima da cabeça. Em seguida, abaixe os braços. Repita o movimento dez vezes.

Movimentos de pulso e de dedos

1. Com os braços para a frente, estique os dedos das mãos. Vire as palmas para cima e para baixo dez vezes.
2. Deixe as mãos abertas, com as pontas dos dedos apontadas para cima. Nessa posição, gire os pulsos para dentro e para fora. Faça esse movimento dez vezes.
3. Como ilustrado na Figura 2.1 (movimentos 14 a 16), estique os braços para a frente e, com a mão esquerda, puxe gentilmente a mão direita, dobrando o pulso com as palmas em direção ao corpo. Sinta os braços, os pulsos e os dedos se esticando. Segure por 12 segundos e repita o movimento com o outro braço. Depois, faça o mesmo, mas puxe a mão dobrando o pulso com as palmas voltadas para fora do corpo. Faça o movimento com os dois braços, segurando sempre por 12 segundos.
4. Estique bastante os dedos das mãos e, então, feche os dedos, apertando-os suavemente. Repita o movimento dez vezes. Por fim, sacuda as mãos livremente.

Complemente essa sequência com os exercícios de alongamento propostos a seguir, conforme indicam Ray e Andreola (2005). Vale destacar o cuidado na condução dos alongamentos, que devem ser feitos dentro dos limites de quem os realiza, sem esforço excessivo.

Figura 2.1 – Alongamentos

Cabeça e pescoço (1 a 4)

Costas e peito (5 a 8)

Lateral e pernas (9 a 12)

Extremidades superiores (13 a 15)

Fonte: Elaborado com base em Ray; Andreola, 2005, p. 28.

Os alongamentos corporais devem ser feitos sempre antes de tocar flauta: baseie-se nas indicações anteriores e monte uma sequência de exercícios, revezando-os a cada dia.

É muito importante que você crie o hábito de fazer essa sequência preparatória, inclusive com seus alunos, seja qual for a idade deles, como um ritual de início de aula que faça parte de sua rotina, preparando o corpo e a mente para a prática musical.

2.2 Posição das mãos e dos braços

A posição correta para tocar flauta doce é com a mão esquerda por cima e a mão direita por baixo. A importância dessa orientação reside no fato de que o dedilhado que utilizamos, a técnica e mesmo a configuração atual do instrumento foram desenvolvidos com base nessa forma de posicionar as mãos.

Existem outras questões relevantes que serão detalhadas a seguir, mas esse princípio é essencial, ou seja, um fator *sine qua non* para a construção de uma boa postura ao tocar o instrumento.

Essa posição foi se constituindo no decorrer do tempo, por isso é possível encontrar, na iconografia, posições diferentes, como ilustrado na imagem que reproduzimos novamente a seguir.

Figura 2.2 – Postura ao tocar flauta em ilustração do século XVI

A pessoa em destaque na Figura 2.2 está segurando a flauta de uma forma diferente em relação às demais: com a mão direita por cima da esquerda. Como indica a iconografia da Idade Média e do Renascimento, cada pessoa podia escolher qual das mãos ficaria na parte de cima da flauta e qual ficaria na parte de baixo. Era possível, até mesmo, personalizar a flauta de acordo com a posição de mão escolhida, pois havia, na posição referente ao último orifício das flautas, um orifício tanto à esquerda quanto à direita para o flautista escolher qual mão usar. O orifício que não seria utilizado era tampado com cera de abelha.

Foi apenas a partir do período barroco que a posição de mão esquerda por cima e mão direita por baixo se fixou, de modo que as flautas passaram a ser fabricadas com o último orifício já posicionado à direita. Na conhecida ilustração que consta no *Tratado da flauta doce*, de Jacques Martin Hotteterre (1707), uma publicação importante para a área, aparece a posição das mãos que passou, então, a ser adotada regularmente até a atualidade, ilustrada na Figura 2.3.

Figura 2.3 – Posição das mãos adotada até os dias de hoje

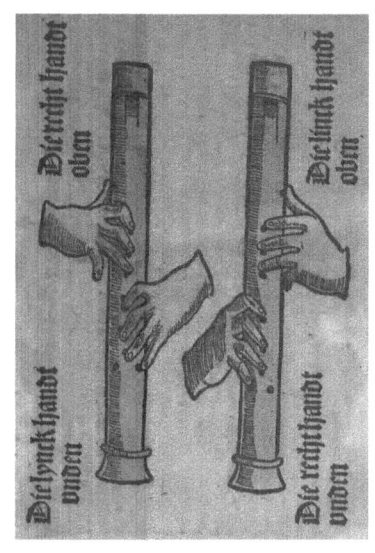

Granger / Imageplus

Especialmente com crianças, é preciso reiterar, sempre que necessário, a posição correta das mãos no instrumento, pois esse é um princípio fundamental da flauta doce. A troca de mãos é bastante comum, principalmente quando o professor toca de frente para o aluno, pois a visão do aluno fica espelhada em relação ao professor.

Uma forma de contribuir para a fixação dessa posição com crianças é utilizar marquinhas nas mãos, feitas com canetinhas ou adesivos. A utilização de recursos lúdicos que envolvam brincadeiras, jogos de mãos e canções também é uma estratégia útil e pode inspirar uma composição coletiva sobre esse tema.

Sempre que você, professor, perceber as mãos trocadas, corrija-as, pois uma postura errada não deve ser aceita nem relevada. Seu olhar atento e cuidadoso é essencial para reforçar a postura correta e alcançar o sucesso na aprendizagem.

Outro princípio importante é uma posição de mãos relaxada e natural. Da mesma forma que ocorre com outros instrumentos, a tensão excessiva e forçada prejudica tanto o desempenho no instrumento quanto a saúde, podendo provocar lesões ao se praticar o instrumento.

Consideremos uma pessoa com braços longos, uma com mãos pequenas, uma com braços curtos e uma com mãos grandes. Qual será a melhor posição de mãos e braços para cada uma delas? Cada um de nós tem uma constituição física, por isso devemos investigar qual a melhor posição para o nosso caso, natural e relaxada, o que não significa que não existam princípios básicos a serem seguidos. Para encontrar sua melhor postura, siga estes procedimentos:

a) Em pé, estique seu braço esquerdo para cima, com os dedos bem abertos, o máximo que puder, como se quisesse alcançar o teto e, então, deixe cair livremente seu braço. Depois, levante-o naturalmente, à altura dos olhos. Sua mão e seus dedos estarão naturalmente curvados. Faça o movimento também de outra forma: estique o braço, a mão e os dedos para a frente, formando um ângulo de 90° em relação ao seu corpo. Estique bem o braço e, em seguida, relaxe-o: observe a curvatura que se forma naturalmente com esse esticar e relaxar, com os dedos ligeiramente curvados. Essa é sua posição de mãos e braços natural. Repita essa mesma sequência com o braço direito. Por último, abaixe seus braços, pensando em relaxar os ombros. Quando estes estiverem relaxados, sem tensão, suba os dois braços como se fosse segurar uma flauta imaginária no ar.

b) Ainda sem a flauta, sente-se em uma cadeira, de modo a apoiar os pés no chão, mas sem se encostar no apoio da cadeira. Solte os braços e os ombros ao lado do corpo e suba-os na postura da flauta imaginária. Olhe para os cotovelos: eles não devem estar "abertos" – excessivamente distantes do corpo – nem "fechados" – encostados no corpo. Sinta também os ombros: eles não devem estar "para cima", ou seja, tensionados, e sim naturalmente abaixados, relaxados. Veja se seu braço e sua mão estão alinhados, formando uma linha contínua e reta, sem que o pulso fique "quebrado".

c) Por fim, com a flauta: segure a flauta – sempre com a mão esquerda na parte de cima e a mão direita na parte de baixo – e estique os braços para a frente. Recolha-os em direção ao seu corpo e pouse o bico da flauta em seu lábio inferior. Observe seus cotovelos naturalmente relaxados, os braços alinhados com as mãos e os ombros naturalmente abaixados.

d) A seguir, na Figura 2.4, você pode perceber o relaxamento dos ombros e dos cotovelos e o alinhamento dos braços com as mãos.

Figura 2.4 – Postura à flauta, com ombros e cotovelos relaxados e braços alinhados com as mãos

Acostume-se a sempre utilizar as duas mãos para segurar a flauta, mesmo que não esteja tocando ou utilizando os dedos da mão direita, que fica na parte inferior. Ao tocar, as duas mãos devem ficar na flauta, ou seja, não devemos segurar a flauta com uma mão apenas. A posição correta dos braços e da mão influencia também a posição dos dedos, conforme veremos a seguir.

2.3 Posição dos dedos

Além do importante princípio de que a mão esquerda deve ficar posicionada na parte superior da flauta e a mão direita na parte inferior da flauta, é preciso observar igualmente que uma boa postura de mãos e braços também tem relação com a posição dos dedos de ambas as mãos. Reflita por um instante: Quais dedos são utilizados no dedilhado da flauta? Todos os dedos são usados para tampar os orifícios? Em qual ordem eles são posicionados? Quantos são os orifícios da flauta e qual é sua relação com os dedos?

Cada dedo na flauta doce tem uma posição e uma função, devendo-se considerar a seguinte enumeração: na mão esquerda, 0 é o polegar (utilizado na parte de trás da flauta); 1 é o indicador; 2 é o dedo médio; 3 é o anelar; e o mínimo não recebe numeração porque não é utilizado. Na mão direita, o polegar também não recebe numeração porque é um dedo de apoio; o indicador é o dedo 4; o médio é o dedo 5; o anelar é o dedo 6; e o mínimo é o dedo 7.

Observe essa sequência no instrumento ilustrado na Figura 2.5.

Figura 2.5 – A posição e a numeração dos dedos das mãos, ao instrumento

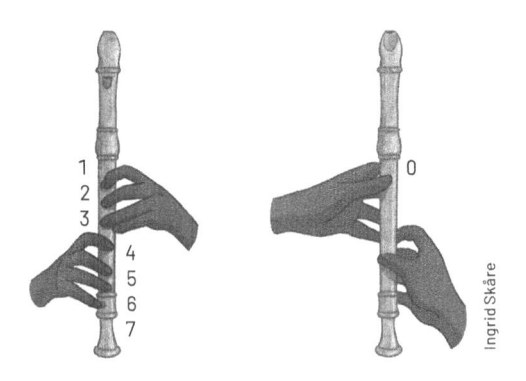

Adiante, trataremos do dedilhado das notas; neste momento, o foco é o correto posicionamento dos dedos. Novamente, ressaltamos que é preciso buscar uma posição natural dos dedos e um equilíbrio entre o relaxamento e o tônus muscular, que é aquela contração suficiente para manter uma postura, sem excesso de força. Atente para os seguintes pontos:

a) Os dedos mantêm uma curvatura natural ao serem colocados na flauta. Não devem ficar retos, duros, esticados, e sim flexíveis e levemente curvados.

b) A polpa dos dedos, e não sua ponta, é utilizada para tampar os orifícios da flauta. Dessa forma, o dedo nunca será posicionado em pé, e a curvatura será mantida.

c) Apenas a polpa dos dedos encosta na flauta. A lateral e as articulações dos dedos não devem encostar no instrumento. Isso pode ocorrer com frequência, especialmente com o indicador. Se acontecer, toda a mão ficará inclinada, dificultando a precisão do posicionamento.

d) Não utilize força excessiva. Há uma pressão muito leve, que garante que o orifício seja tampado e que a flauta não caia das mãos. Qualquer pressão além da necessária para fazer isso é prejudicial.

e) Os dedos ficam sempre próximos à flauta. O movimento de abaixar e de levantar os dedos deve ter pouca amplitude, ou seja, deve ser realizado sem exageros. Os movimentos são pequenos, e o dedo levanta o suficiente para destampar o orifício. Quando os dedos não estiverem sendo utilizados, eles continuarão próximos à flauta, mantendo a forma, em direção aos orifícios, prontos para serem usados. Não apoie os dedos ao lado da flauta e oriente seus alunos para não fazerem isso, corrigindo-os sempre que necessário.

f) O dedo mínimo da mão esquerda, embora não utilizado, deve ser mantido "por cima" da flauta, relaxado, e não "escondido", atrás da flauta. Deixá-lo na parte de trás aumenta a tensão na mão, o que pode prejudicar os outros dedos.

g) A curvatura dos dedos não deve ser semelhante a uma garra (com as pontas dos dedos dobradas para dentro) nem a uma banana (com os dedos esticados para fora). Buscamos o formato de maçã, com a curvatura que lembra a letra C, conforme a ilustração da Figura 2.6.

Figura 2.6 – Formato dos dedos

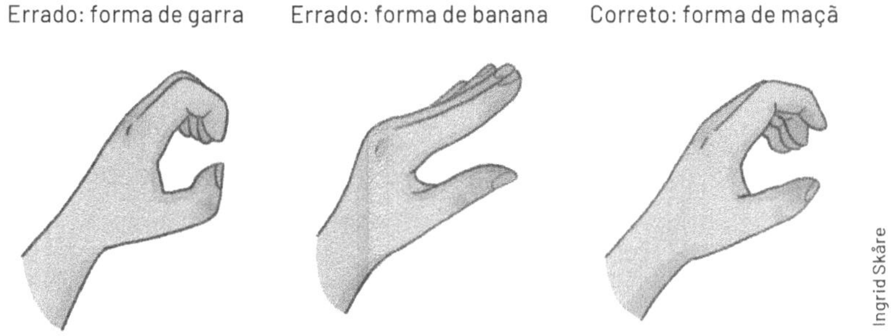

Errado: forma de garra   Errado: forma de banana   Correto: forma de maçã

Ingrid Skåre

Para treinar a posição dos dedos com a flauta soprano, observe os seguintes procedimentos:

a) Em frente a um espelho, apoie a flauta no lábio inferior, posicione o dedo 4, o polegar e o dedo 7 da mão direita – que fica na parte inferior da flauta – nos orifícios correspondentes à posição desses dedos. Nesse momento, a flauta ficará apoiada no lábio e no polegar direito.

b) Ajuste a posição do pé da flauta para o tamanho de seu dedo mínimo. Sinta bem a polpa dos dedos em contato com os orifícios e veja se eles estão curvados de modo correto. Caso o dedo não esteja cobrindo todo o orifício, a nota soará errada, com um som agudo, estridente.

c) Perceba se o peso dos dedos está distribuído de modo uniforme, ou seja, se não há mais peso em algum dedo e menos em outro. Depois, abaixe os dedos 5 e 6, mantendo a forma de maçã. Cuidado: se as laterais dos dedos 4 ou 7 estiverem encostando na flauta, corrija sua posição.

d) Monte, então, a mão esquerda, colocando o polegar, o dedo 1 e o dedo 3. Observe a posição, corrija o que precisar e, então, abaixe o dedo 2.

Faça sempre esse exercício antes de começar a tocar. Nas flautas maiores, realize o mesmo procedimento, adaptando a distância entre os dedos e buscando eliminar a tensão excessiva.

2.4 Lábios e eixo de equilíbrio

O posicionamento da flauta nos lábios requer a mesma atenção destinada à posição de braços, mãos e dedos. Com frequência, o posicionamento da flauta na boca é trabalhado de forma intuitiva, sem orientação específica, nem sempre detalhada na perspectiva do eixo de equilíbrio. É importante que esse assunto seja considerado na prática e no ensino de flauta a fim de contribuir para a boa postura global e para a sonoridade.

Alguns comportamentos são comuns no trabalho com iniciantes, principalmente com crianças, como morder a flauta, quando os dentes pressionam o bocal; "engolir" a flauta, quando se coloca todo o bocal dentro da boca; além de outros movimentos com o lábio, como deixar o lábio superior aberto (flácido), ou pressionado, ou ainda com um movimento de bico exagerado. Ao perceber esses comportamentos, o professor deve, imediatamente, aproveitar a oportunidade de orientar acerca da postura correta.

A importância da posição dos lábios está no fato de que o lábio inferior é um dos pontos de apoio da flauta, junto com o polegar direito. O lábio inferior e o polegar direito sustentam o peso do instrumento, formando um eixo de equilíbrio que influencia a boa postura e, consequentemente, contribui para a boa execução musical. Com relação à forma especificamente, o formato dos lábios superior e inferior ajuda no controle e na emissão do ar. Cabe salientar que sempre devemos posicionar a flauta no lábio, não o lábio na flauta, ou seja, a cabeça não se desloca até o instrumento, permanecendo alinhada com a coluna.

O eixo de equilíbrio é o responsável por estabelecer a distribuição do peso do instrumento nos pontos de apoio. Para ajudá-lo a encontrar seu eixo de equilíbrio, a seguir apresentamos os procedimentos recomendados por Hauwe (1984).

Em pé ou sentado, segure a flauta pela parte inferior dela – com a mão direita – em uma posição reta, paralela ao seu tronco. Cuide para não deixá-la cair. Lentamente, mova a flauta em direção ao seu lábio inferior, sem mexer a cabeça. Perceba como o peso da flauta fica concentrado no polegar. Então, apoie a flauta de acordo com a Figura 2.7 e perceba como o peso dela fica distribuído entre o polegar direito e o lábio inferior.

Figura 2.7 – Encontrando o eixo de equilíbrio

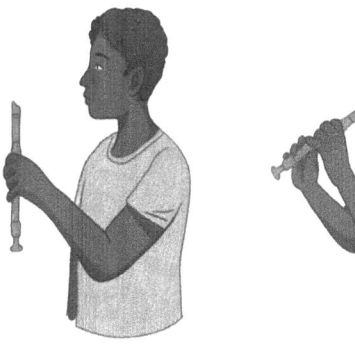

Ainda sobre essa posição, é importante destacar que a mandíbula fica relaxada e não a deslocamos para a frente. Como já ressaltamos, o peso da flauta é distribuído entre dois pontos de apoio (lábio inferior e polegar direito), por isso não há necessidade de segurar a flauta com a pressão dos lábios ou com os dentes. Dessa forma, não prejudicamos o movimento da língua e sua posição dentro da boca. Se o aluno está segurando a flauta com os lábios ou os dentes, isso significa que a altura da flauta está incorreta; nesse caso, o professor deve verificar a posição dos pontos de apoio, dos braços, das mãos e da mandíbula.

Para treinar a posição dos lábios, considere os seguintes aspectos: com a boca entreaberta, apoie o bico da flauta no lábio inferior e cubra-o com o lábio superior, de modo a não deixar espaço sobrando entre os lábios e a flauta. O formato de seu lábio vai se assemelhar ao de quando você pronuncia o som da letra "l", porém com o formato de boca como se fosse da letra "u" (som do "l" e boca de "u"). Repare que o queixo não encosta no bloco. Evite "malabarismos" com o lábio, buscando novamente uma postura sem tensão, como ilustrado na Figura 2.8.

Figura 2.8 – Posição da flauta nos lábios

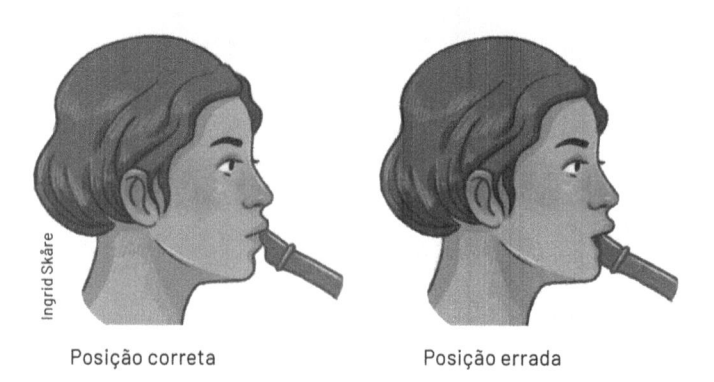

Posição correta   Posição errada

2.5 O polegar e o apoio

Outro elemento que deve ser objeto de atenção do flautista é o polegar. A posição dos dois polegares é importante para a prática da flauta, e cada um assume uma função diferente: o polegar esquerdo é empregado no dedilhado das notas, o que não ocorre com o polegar direito, que tem a função de apoiar a flauta. Além do polegar direito, existem acessórios específicos que podem ajudar a apoiar a flauta, considerando-se as demandas provenientes dos diversos tamanhos de flauta doce e o fato de que cada pessoa tem um tamanho de polegar diferente e, também, variações em sua flexibilidade. Observe alguns modelos desses acessórios, chamados de *apoios*, a seguir, na Figura 2.9.

Figura 2.9 – Modelos de apoio

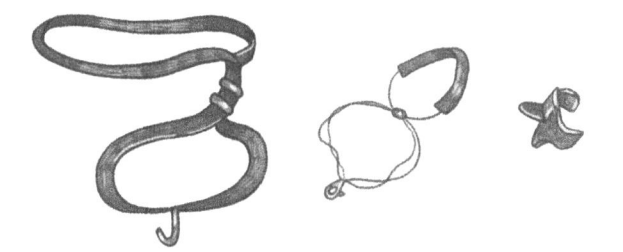

Ingrid Skåre

Os diferentes modelos de apoio têm a mesma função, que é a de ajudar a apoiar a flauta, tanto em relação ao peso quanto no caso de uma possível textura escorregadia. Esse é um acessório utilizado com frequência nas flautas maiores, que são mais pesadas, como a flauta baixo e a tenor. Na flauta contralto, o apoio também é empregado e, na soprano, ele nem sempre é necessário – a flauta soprano é um instrumento leve, por isso o uso do apoio pode ser dispensável.

De acordo com Gustavo de Francisco (2014), do quarteto Quinta Essentia, um dos mais importantes grupos de música de câmara da atualidade, as principais razões para o uso do apoio são:

- boa sustentação do instrumento, sem que o polegar escorregue;
- melhor equilíbrio ou balanço do instrumento;
- posicionamento fixo da mão direita – sempre no mesmo lugar;
- relaxamento da mão direita;
- liberação do dedo mínimo ou do anelar.

Entre os modelos ilustrados na Figura 2.9 constam duas correias diferentes; ambas são colocadas no pescoço do flautista e encaixadas na flauta, sendo utilizadas apenas nos instrumentos maiores. O apoio de plástico – localizado à direita da imagem – é encaixado na parte posterior da flauta, e existem modelos que se adaptam a diversos tamanhos de instrumento.

Tão importante quanto usar o apoio é certificar-se de encontrar a posição correta, pois isso influenciará a boa postura. Caso o apoio seja posicionado muito acima ou abaixo do local ideal para a mão, há o risco de desenvolver lesões. Em geral, o apoio é colocado entre os orifícios 4 e 5 da flauta e, então, adaptado de acordo com a mão do praticante.

Para encontrar a melhor posição para encaixar o apoio plástico, primeiro, posicione os dedos 4 e 7 e, então, encoste o polegar na flauta: esse é o local onde você deve encaixar o apoio.

Em vez de utilizar o lugar do apoio de plástico, é possível também colocar no instrumento uma pequena quantidade de cera ou um pedaço pequeno de cortiça. Nesse caso, ambos devem ser grudados à flauta, por isso sua posição deve ser precisa. Pode ser utilizada ainda uma fita amarrada no pé da flauta, que deve ser ajustada de acordo com a posição de mão, como ilustrado na Figura 2.10, a seguir.

Figura 2.10 – Uso de fita amarrada no pé da flauta e de cortiça

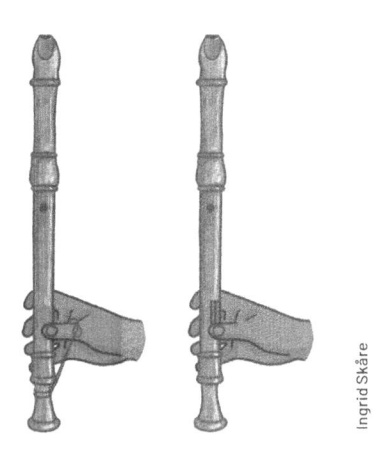

Ingrid Skåre

O polegar esquerdo desempenha um papel importante, principalmente nas notas agudas, portanto ele deve ser objeto de atenção. Esse assunto será detalhado em outro capítulo, porém, neste momento, destacamos que ele fica posicionado em direção ao orifício de número 0 da flauta, em oposição ao dedo 2.

A parte superior esquerda desse polegar é utilizada para cobrir o orifício da flauta, de modo a encostar parcialmente tanto a pele quanto a unha. Essa posição auxilia na afinação e na agilidade do dedilhado das notas agudas.

Observe, na Figura 2.11, o posicionamento certo (a parte superior esquerda cobre o furo) e o errado (o dedo está em pé).

Figura 2.11 – Certo e errado no posicionamento do polegar esquerdo na flauta

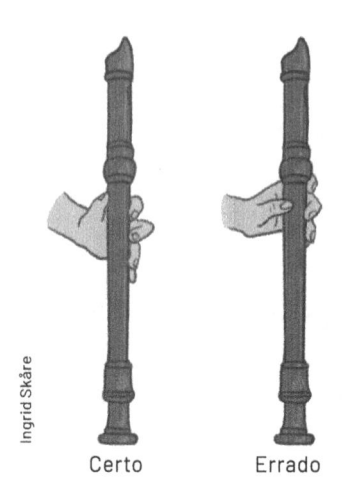

Certo   Errado

Para exercitar esse posicionamento do polegar esquerdo, faça a seguinte sequência de exercícios:

1. Sem a flauta, junte o polegar esquerdo e a parte superior esquerda da ponta de seu dedo médio, formando um círculo. Abra e feche esse círculo, com movimentos pequenos.
2. Faça o mesmo exercício, desta vez com a flauta. Abra e feche o polegar, mantendo o dedo 2 abaixado. Sinta uma parte da unha e da pele tampando o orifício na flauta, pressionando apenas o suficiente para fechá-lo, sem empregar força excessiva.

Figura 2.12 – Parte do polegar esquerdo que deve tampar o orifício número 0

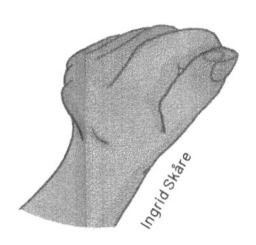

▷▷ Síntese

A relação do corpo com a música é um fator importante para a prática musical. A postura do flautista pode ajudar ou prejudicar seu treino, facilitando ou dificultando alguns aspectos da produção do som e do dedilhado. Tenha uma atenção redobrada à posição das mãos: a esquerda por cima e a direita por baixo. O mesmo cuidado deve ser direcionado à postura dos braços e dos dedos na flauta, com o correto posicionamento e sem tensão excessiva. O posicionamento do bocal nos lábios também deve ser trabalhado conscientemente, sendo considerados como parte do eixo de equilíbrio do instrumento. A utilização do apoio é outro recurso que auxilia na manutenção da boa postura.

Atividades de autoavaliação

1. Analise as afirmativas a seguir e indique V para as verdadeiras e F para as falsas.
   ( ) A postura corporal é um assunto que deve ser objeto da preocupação apenas de instrumentistas iniciantes.
   ( ) O afastamento do instrumento em decorrência de lesões pode ser evitado com alongamentos, aquecimentos e a consciência com relação à postura correta.
   ( ) Os malefícios de uma postura desatenta incluem problemas na execução do instrumento e na produção do som.
   ( ) Os movimentos de pescoço e ombros, de cotovelos e braços e de pulso e dedos devem ser considerados nos alongamentos.
   ( ) O corpo e o instrumento devem integrar-se durante a prática instrumental de modo consciente.

   Agora, assinale a alternativa que apresenta a sequência correta:
   a) V, V, F, V, F.
   b) F, V, V, V, V.
   c) F, V, F, V, V.
   d) F, F, V, V, V.
   e) V, F, V, F, V.

2. Considerando-se os fundamentos apresentados sobre a postura a ser adotada para tocar flauta doce, é correto afirmar:
   a) A posição das mãos e dos braços deve ser relaxada, por isso podemos escolher o posicionamento das mãos direita ou esquerda na flauta.

b) A mão esquerda por cima e a mão direita por baixo é um princípio fundamental da prática da flauta doce, por isso não é passível de adaptações.
c) A postura de mão esquerda por cima e mão direita por baixo sempre foi utilizada na prática da flauta doce.
d) É importante manter a tensão excessiva das mãos e dos braços.
e) Não é necessário posicionar as duas mãos na flauta, apenas aquela que estiver em uso.

3. Analise as afirmativas a seguir e indique V para as verdadeiras e F para as falsas.
( ) A sequência dos dedos da mão esquerda é: polegar no orifício 0, indicador no orifício 1, dedo médio no orifício 2 e anelar no orifício 3. Na mão direita é: indicador no orifício 4, médio no orifício 5, anelar no orifício 6 e mínimo no orifício 7.
( ) O dedo mínimo da mão esquerda não recebe numeração porque não é utilizado.
( ) O polegar da mão direita é um dedo de apoio.
( ) Ao posicionarmos os dedos na flauta doce, devemos manter uma curvatura nos dedos, e não deixá-los esticados.
( ) A polpa dos dedos é a parte que cobre os orifícios da flauta doce.
Agora, assinale a alternativa que apresenta a sequência correta:
a) V, V, V, F, F.
b) F, F, V, V, V.
c) V, F, V, V, V.
d) V, V, F, V, V.
e) V, V, V, V, V.

4. Com relação à forma de posicionar os lábios na flauta, assinale a alternativa correta:
   a) O posicionamento da flauta na boca deve ser trabalhado intuitivamente, sem uma orientação específica.
   b) A importância da posição dos lábios reside no fato de que não se deve morder o bocal.
   c) Deve-se posicionar o lábio na flauta, com o auxílio do movimento da cabeça.
   d) O eixo de equilíbrio é o responsável por estabelecer a distribuição do peso do instrumento nos pontos de apoio.
   e) A pressão dos lábios e dos dentes é que sustenta o peso da flauta.

5. Analise as afirmativas a seguir e indique V para as verdadeiras e F para as falsas:
   ( ) Na flauta doce, os polegares direito e esquerdo desempenham a mesma função.
   ( ) O polegar esquerdo é empregado no dedilhados das notas, o que não ocorre com o polegar direito, que tem a função de apoiar a flauta.
   ( ) O apoio é um acessório que ajuda a segurar a flauta, tanto em relação ao peso quanto no caso de uma possível textura escorregadia.
   ( ) A posição de encaixe do apoio não influencia a postura.
   ( ) A postura do polegar esquerdo está correta quando, além de flexioná-lo, encostamos parcialmente tanto a pele quanto a unha no orifício 0.

Agora, assinale a alternativa que apresenta a sequência correta:

a) F, V, V, F, V.
b) F, F, V, F, F.
c) F, V, F, F, V.
d) V, V, F, V, V.
e) F, V, V, F, F.

Atividades de aprendizagem

Questões para reflexão

1. Após uma sessão de prática instrumental, perceba se existe alguma sensação de dor ou desconforto. Anote as sensações corporais após a prática e responda: O que pode ser feito para que essa sensação não ocorra?

2. Procure assistir a vídeos de apresentações de flauta doce com músicos ou musicistas profissionais e perceba como é a postura corporal global em relação ao instrumento. Pause o vídeo em diversos momentos e observe os braços, as mãos, os dedos e o posicionamento da flauta na boca. Depois, grave-se tocando e compare sua postura com a postura que você viu nesses vídeos. O que ficou diferente e o que ficou igual ou parecido?

Atividades aplicadas: prática

1. Antes de começar a tocar a flauta doce, escolha: um exercício de alongamento corporal, um para os braços e um para as mãos e os dedos. Em pé, afaste um pouco os pés e:

- segure a flauta com a mão direita na parte inferior dela, apontando para a frente, aproximadamente na altura de sua boca - posição de espada;
- recolha os braços, mantendo a flauta em pé - posição de vela;
- encoste o bloco da flauta em seu queixo - flauta na almofada;
- com o braço esquerdo, faça um movimento amplo no ar - movimento de "vamos lá" - que termina com o braço pousando na flauta;
- posicione o polegar esquerdo, o direito e o restante dos dedos;
- com a ajuda do espelho, verifique se a postura está relaxada e correta.

2. Com base na sequência apresentada, desenvolva um exercício para trabalhar com a postura correta para tocar flauta. Para isso, atente para as seguintes questões:

- Contexto: indique o contexto de ensino de flauta - crianças, jovens, adultos, idosos. De acordo com a faixa etária, é necessário adaptar a forma de explicar.
- Analogias: o uso de analogias pode ajudar o estudante de flauta a compreender aspectos sobre a postura, como no exemplo dado, quando utilizamos as imagens da vela e da espada como referência para a posição.
- Etapas: elabore seu exercício de postura por meio de etapas focadas nas mãos, nos braços, nos lábios, nos cotovelos, nos dedos e nos polegares. Segmentar a construção da postura em pequenas etapas costuma oferecer resultados consistentes.

Capítulo 3

ASPECTOS TÉCNICOS II: PRODUÇÃO DE SOM

Até o momento, tratamos dos usos da flauta doce e da postura correta de quem a toca. Entretanto, por se tratar de um instrumento musical cuja matéria-prima da sonoridade é invisível, incolor e não palpável, outros aspectos fundamentais também devem ser ponderados: o ar e a produção do som – temas principais deste capítulo.

Abordaremos aspectos relacionados à respiração durante a prática da flauta e apresentaremos exercícios que contribuem para emitir o ar e garantir a afinação.

Destacaremos as posições dos dedos nas flautas históricas e modernas, indicando os dois modelos de flauta encontrados com mais frequência: o barroco e o germânico.

A extensão das flautas e o movimento do polegar esquerdo, bem como as possibilidades diferentes de dedilhados e as situações em que podemos empregá-los, são os tópicos que encerrarão este capítulo.

3.1 Respiração

Em instrumentos aerofones, como a flauta doce, o som é produzido pela vibração do ar, portanto é fundamental considerar a respiração e a emissão do ar como elementos essenciais para a vibração do ar e, consequentemente, para a boa produção do som.

Uma analogia ilustra a relação entre o ar e a produção de som na flauta: assim como um carro não funciona sem o combustível, uma flauta não produz seu som característico sem o ar. Logo, é necessário abastecer a flauta com combustível – ar – suficiente, nem mais nem menos.

O tamanho da flauta faz com que essa quantidade de ar varie e, de modo geral, entende-se que, quanto maior a flauta, mais ar será utilizado.

A respiração ocorre, na maior parte do tempo, de modo inconsciente e automático, o que significa que nem sempre nos atentamos a ela. No entanto, tanto nos aerofones quanto no canto, a respiração deve ser pensada e planejada, em vez de ser um processo involuntário que acontece automaticamente.

Busca-se desenvolver o controle da respiração para adequá-la ao fraseado musical, à afinação e à altura das notas. Em razão de sua relevância para a interpretação musical, existem sinais que são utilizados para indicar onde o intérprete deve respirar. Esses sinais podem vir marcados na partitura ou ser escritos pelo professor ou pelo músico ou musicista, como ilustrado na Figura 3.1.

Figura 3.1 – Sinais que indicam a respiração

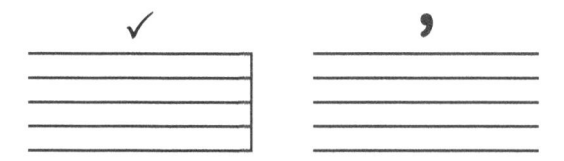

O professor deve ficar atento a situações que indicam uma respiração inadequada, como respirar e inspirar em cada nota tocada, tocar muitas notas, ou uma quantidade aleatória, na mesma inspiração, empregar ar demais ou de menos. Diferentemente do que ocorre com o trombone, a tuba, o fagote e outros instrumentos de sopro, a flauta doce não exige uma capacidade pulmonar tão grande. Ainda assim, a consciência e o controle da respiração são indispensáveis para flautistas em todos os níveis de aprendizado.

A respiração na flauta doce é diafragmática, ou seja, aquela que utiliza o diafragma para realizar os movimentos de inspiração - inalar o ar - e expiração - exalar o ar. Essa é a mesma respiração que os bebês fazem e pode ser observada no movimento da barriga para fora na inspiração e para dentro na expiração. Nesse tipo de respiração, os ombros não sobem e descem, e o peito apenas acompanha a entrada e a saída do ar de modo passivo.

A seguir, a Figura 3.2 ilustra a localização do diafragma e seu movimento na respiração.

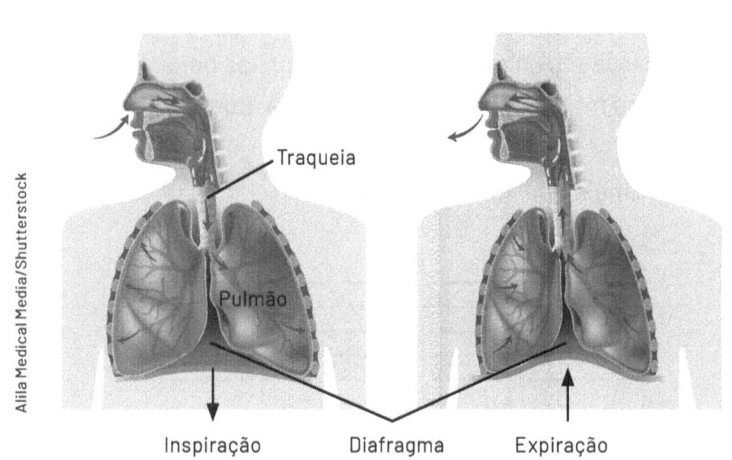

Figura 3.2 - Respiração diafragmática

Uma vez que essa respiração não é a que costumamos utilizar, é necessário treiná-la conscientemente. Pratique esse tipo de respiração da seguinte forma: deite de costas e coloque as mãos na região do estômago; inspire, sentindo essa região aumentar, e solte o ar, sentindo a barriga murchar. Ainda deitado e com as mãos na região do estômago, inspire sentindo essa região inflar como um balão; em seguida, deixe o ar sair entre os dentes enquanto pronuncia um som semelhante ao do *spray*: "tssssssssssssss".

Nos dois casos, não é necessário inspirar grande quantidade de ar, pois o objetivo, nessa etapa, é despertar a consciência da respiração, e não o aumento da capacidade respiratória. Atente também ao relaxamento do corpo, em especial da região dos ombros, do pescoço e da face.

Além de utilizarem a respiração diafragmática, os flautistas têm por hábito inspirar e expirar pela boca, pois, dessa forma, é possível recuperar o ar rapidamente entre os trechos musicais, interrompendo minimamente a produção do som.

Com iniciantes, essa respiração pode ser treinada enchendo balões, assoprando uma pena ou com bolinhas de sabão, para estimular a respiração pela boca.

Ainda sem a flauta, treine da seguinte forma:

1. Em pé, com os pés ligeiramente afastados, ombros e pescoço relaxados, inspire pela boca, utilizando o diafragma, como se estivesse sugando o ar por um canudo, por quatro tempos, como ilustrado na Figura 3.3. Segure por quatro tempos e expire pela boca com oito "sopros" curtos, com o som do *spray*: "ts". Segure o ar por quatro tempos e repita o procedimento.

Figura 3.3 – Exercício 1 de respiração

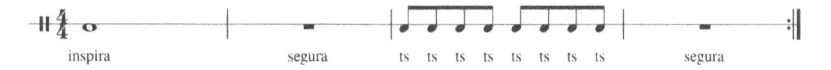

2. Mantendo a postura, inspire por quatro tempos, como ilustrado na Figura 3.4, segure por quatro tempos e expire em um som de *spray* tão longo quanto possível: "tsssssss". Segure por quatro tempos e repita o procedimento.

Figura 3.4 – Exercício 2 de respiração

inspira   segura   tsssss   segura

3. Mantendo a postura, inspire por quatro tempos e já expire com o som do *spray*: "tssssssss"; logo em seguida, inspire novamente e repita o procedimento, como ilustrado na Figura 3.5.

Figura 3.5 – Exercício 3 de respiração

inspira   tsssss   inspira   tssss

Repita os exercícios anteriores de outra forma, agora posicionando a palma da mão próxima à boca. Desse modo, você sentirá o fluxo do ar na palma da mão, o que pode ajudar na percepção da emissão do ar. Esse recurso "tátil" deve ser utilizado também com iniciantes de qualquer idade.

Nos treinos com ou sem a flauta, é necessário garantir uma respiração sem exageros ao inalar e ao exalar. Com a flauta doce, é possível treinar fazendo exercícios com notas longas como uma forma de aquecimento musical: escolha uma nota e toque iniciando com a articulação [tu] – assunto que será detalhado na sequência – por tanto tempo quanto conseguir, com o cuidado de manter a sonoridade sem alterações ou ruídos.

3.2 Emissão e afinação

O estereótipo de instrumento desafinado e de som desagradável que, injustamente, pode ser relacionado à flauta doce se deve, em grande parte, a três fatores: (1) emissão do ar; (2) afinação; e (3) articulação.

A ausência de cuidado com esses aspectos resulta em um som de baixa qualidade, de timbre pobre e, até mesmo, irritante. Isso ocorre porque, apesar de não requerer uma embocadura ou o uso de palhetas, a produção de som na flauta doce não é tão simples quanto assoprar uma vela ou um apito. Por esse motivo, ao professor cabe a tarefa de ensinar os alunos a produzir o melhor som possível, colaborando para construir um referencial auditivo adequado.

Mesmo com crianças pequenas ou iniciantes no aprendizado, é indispensável desenvolver a respiração e a emissão correta do ar, aspectos primordiais para um instrumento de sopro. Sem isso, não é possível tocar com qualidade e afinação e também se dificulta o desenvolvimento da percepção auditiva.

Quanto mais cedo o professor puder ensinar isso, melhor para seus alunos, que não vão adquirir vícios, e para ele mesmo, que não terá o trabalho de re-ensinar o que já devia ter sido aprendido. Reforçamos que, para qualquer faixa etária, é indispensável ensinar desde a primeira aula a respiração, a emissão e a articulação do som.

A matéria-prima do som da flauta doce é o ar. O som é formado a partir da vibração da coluna de ar no tubo do instrumento, conforme a detalhada explicação de Micheline Aguilar (2008, p. 15):

> a corrente de ar (*airstream*) advinda dos pulmões, expirada pela ação dos músculos respiratórios, passa inicialmente pela laringe, depois pela faringe até alcançar a cavidade oral, onde encontra os órgãos articuladores. É passada então para a flauta doce através

do canal de ar (*windway*), formado entre a parede da flauta e o bloco (*block*), e lá encontra o bisel, que é uma lâmina ligeiramente inclinada recortada na madeira, formando um ângulo em relação ao tubo do instrumento. O ar passa então a vibrar, gerando o som.

A imagem a seguir (Figura 3.6) ilustra como ocorre a passagem do ar na flauta doce.

Figura 3.6 – Passagem do ar na flauta doce

GoodStudio/Shutterstock

Conforme observamos na citação e na imagem, a emissão relaciona-se com o controle do ar, o que envolve a respiração, a articulação e a sustentação do som. Alguns problemas são frequentes na emissão do ar, como ocorre quando o flautista inspira e respira em cada nota ou quando o som é assoprado com força excessiva ou insuficiente, ou ainda quando a estabilidade do ar não é mantida, e a nota acaba "desmaiando" no final.

A afinação e a sonoridade são comprometidas em todos esses casos, portanto busca-se um fluxo de ar estável na flauta, sem aumentar ou diminuir a intensidade do sopro durante a nota. Uma analogia que ajuda a ilustrar essa estabilidade é pensar na emissão de ar como a água que sai de uma torneira aberta: o fluxo ocorre de forma contínua, sem aumentar ou diminuir, sendo o começo e o final bem definidos.

Vamos praticar o controle da emissão do ar com o auxílio de um recurso visual. Antes de começar a tocar, faça os alongamentos que você já aprendeu e treine sua respiração por meio dos exercícios vistos anteriormente.

Na sequência, corte uma tira de papel de, aproximadamente, três centímetros de largura por dez centímetros de altura. Segure-a entre o polegar e o indicador e posicione-a em pé, em frente à boca, mantendo cerca de dez centímetros de distância. Assopre a tira por quatro tempos iniciando com a articulação [tu], mas sem pronunciar a palavra, apenas articulando os lábios e a língua.

Pare, respire e repita o procedimento, agora sustentando o sopro por seis tempos. Continue até conseguir mantê-lo por dez tempos. Enquanto você assopra, o papel dobrará com a pressão do ar. Controle o ar para que o papel mantenha a mesma angulação durante todo o sopro. É importante que ele permaneça em uma posição estável durante o exercício. Regule a quantidade e a velocidade do ar nesse processo.

Como já explicamos, os exercícios com notas longas na flauta doce contribuem para o controle da emissão do ar, como este que propomos a seguir.

Toque a nota mais grave de sua flauta – se for a soprano, será a nota Dó – iniciando com a articulação [du] (esse assunto será detalhado na sequência) por tanto tempo quanto for possível manter a qualidade do som. Ouça o som com atenção para manter a sonoridade e a afinação sem alterações ou ruídos. Repita o procedimento com a mesma nota, porém no registro agudo (se antes tocou um Dó grave, agora toque um Dó agudo). Repita o exercício, mas um semitom acima nos dois registros: utilize a nota Dó sustenido no grave e no agudo. Perceba as necessidades de ajuste no ar nos dois registros.

Figura 3.7 – Exercício com notas longas para o controle e a adequação da emissão do ar

A seguinte experiência sonora é um recurso útil para exemplificar os efeitos da emissão do ar na flauta: toque a nota mais grave de sua flauta com muito ar, emitindo-o em uma velocidade rápida. Depois, toque a mesma nota uma oitava acima com pouco ar, emitindo-o em uma velocidade lenta. Qual foi o resultado sonoro?

O único resultado possível é a desafinação. A quantidade e a velocidade do ar influenciam a afinação das notas. É fundamental compreender que a posição incorreta dos dedos é um empecilho para a afinação, mas o ar é uma parte tão importante para a afinação das notas que, embora o dedo possa estar adequadamente posicionado, a afinação será garantida apenas com a correta emissão do ar.

Figura 3.8 – Experiência sobre a emissão do ar

Muito ar
Velocidade rápida

Pouco ar
Velocidade lenta

Façamos, agora, outro experimento: abra um pouco a junta de cima de sua flauta soprano e toque a nota Dó agudo. Depois, feche bem essa junta e toque novamente. O que aconteceu?

Podemos regular, em certa medida, a afinação do instrumento: quando abrimos as juntas, o tubo aumenta, e a afinação abaixa. Por essa razão, certifique-se de que a flauta está montada corretamente, fechada e com os orifícios alinhados com a janela. Caso seja necessário ajustar a afinação do instrumento, utilize esse recurso de abrir um pouco as juntas. Para afinar com o afinador, adote um modelo que produza o som de referência, assim você pode afinar a flauta tocando a nota Lá e outros intervalos.

Os exercícios a seguir são úteis para treinar a emissão do ar e a afinação das notas na flauta:

- Toque a nota Lá junto ao afinador e faça os ajustes nas juntas se for necessário. Continue tocando, buscando manter a afinação com base na referência do afinador. Nesse momento, concentre-se em perceber como está a emissão do ar, mantendo a afinação o mais estável possível. Ajustes leves na intensidade do sopro podem ser requeridos para alcançar a afinação.
- Com um teclado ou afinador produzindo a nota pedal, toque intervalos de quinta ascendente: o teclado toca a nota Sol e você toca uma quinta acima (Ré); depois Lá e você Mi; e assim por diante, até completar uma oitava. Faça o movimento descendente também. Ajuste o ar, buscando afinar com a nota pedal, de maneira a manter a afinação durante todo o sopro.
- Agora, em terças: o afinador ou o teclado sustenta uma nota e você faz a terça, primeiro acima e, depois, abaixo. Busque sempre afinar com a nota pedal. Se não afinou no começo, perceba se a nota ficou muito grave ou muito aguda e repita o procedimento. Busque começar e terminar o som de modo afinado, não apenas corrigindo a afinação durante a nota.

3.3 Digitação histórica e moderna

O termo *digitação* faz alusão ao dedilhado, ou seja, às posições dos dedos que dão origem às notas musicais. A localização das notas na flauta doce depende do construtor, do tamanho da flauta – sopranino, soprano, tenor, baixo, por exemplo – e do modelo – renascentista, barroca, germânica, entre outros.

A digitação histórica é aquela encontrada em publicações a partir do século XVI, nas quais constam as ilustrações das posições utilizadas[1].

Figura 3.9 – Dedilhado que consta no tratado *La Fontegara*, de Silvestro Ganassi (1535)

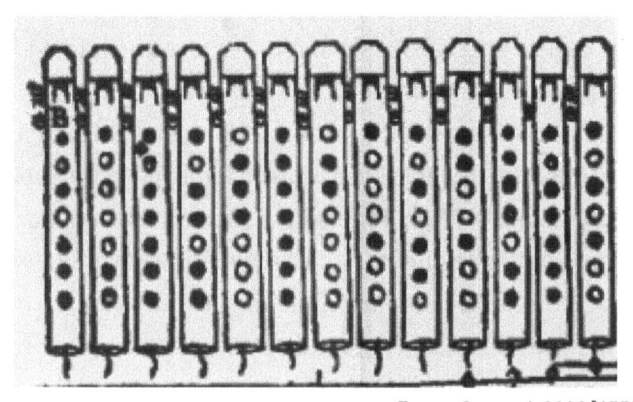

Fonte: Ganassi, 2002 [1535].

...

1 Confira alguns exemplos de dedilhados históricos disponíveis em: <https://www.flute-a-bec.com/>. Acesso em: 6 jul. 2022.

Figura 3.10 – Dedilhado que consta no *Epítome musical*, de PHILIBERT JAMBE DE FER (1556)

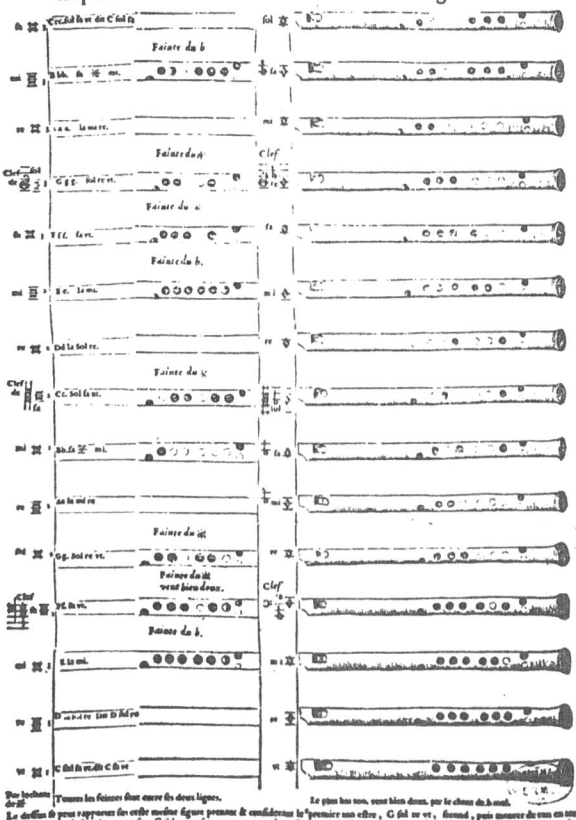

Fonte: Fer, 1556, p. 73.

O dedilhado moderno é o padrão das flautas que costumamos utilizar e tem origem em adaptações realizadas nas flautas dos modelos barroco e germânico, que são os empregados com mais frequência na atualidade. A digitação da flauta barroca tem relação com o dedilhado utilizado na Inglaterra no período barroco. As flautas germânicas surgiram a partir de 1920, com a intenção de remover o dedilhado de forquilha do semitom encontrado entre o terceiro e o quarto grau do tom fundamental da flauta, ou seja, entre o Mi e o Fá nas flautas em Dó (soprano e tenor) e entre o Lá e o Si bemol nas flautas em Fá (sopranino, contralto e baixo). Para isso, foi necessário fazer uma alteração nos orifícios da flauta, conforme demonstrado a seguir, na Figura 3.11.

Figura 3.11 – Diferença entre as flautas barroca e germânica

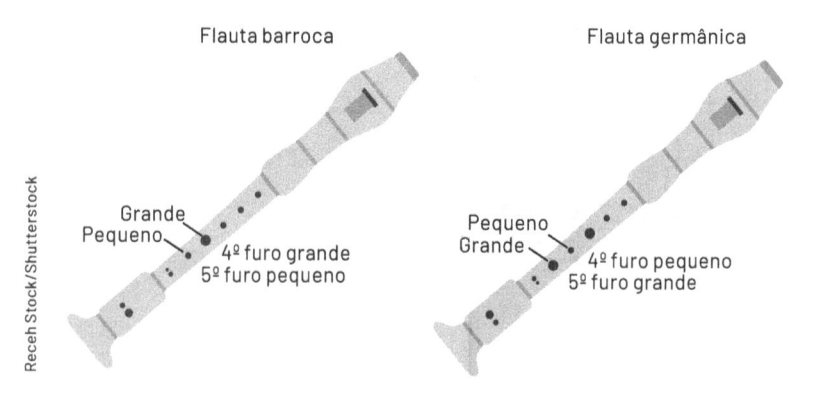

Flauta barroca

Grande
Pequeno
4º furo grande
5º furo pequeno

Flauta germânica

Pequeno
Grande
4º furo pequeno
5º furo grande

Receh Stock/Shutterstock

Essa facilitação aparente acarretou, entretanto, outros problemas: a flauta germânica apresenta defeitos na afinação, no timbre e na estabilidade das notas (tende a fazer mais ruídos) e um dedilhado mais complicado em determinadas notas (Fá sustenido e Sol sustenido, por exemplo). Essas flautas são muito utilizadas na iniciação musical, porém, por apresentarem problemas de afinação e terem o mesmo preço do outro modelo, não há razões para seu uso. O dedilhado de forquilha pode ser dominado por iniciantes de qualquer idade com mais facilidade do que podemos imaginar. Sempre que possível, devemos utilizar esse tipo de flauta e pedir para os alunos o utilizarem também, porque ele será mais um aliado na conquista de uma boa sonoridade e afinação.

Comumente, a indicação do tipo de flauta vem acima do orifício número 0, sendo **g** para a germânica e **b** para a barroca. Na Figura 3.12, a seguir, confira os dedilhados cromáticos das duas primeiras oitavas da flauta barroca no tamanho soprano.

Figura 3.12 – Dedilhado das notas na flauta doce soprano

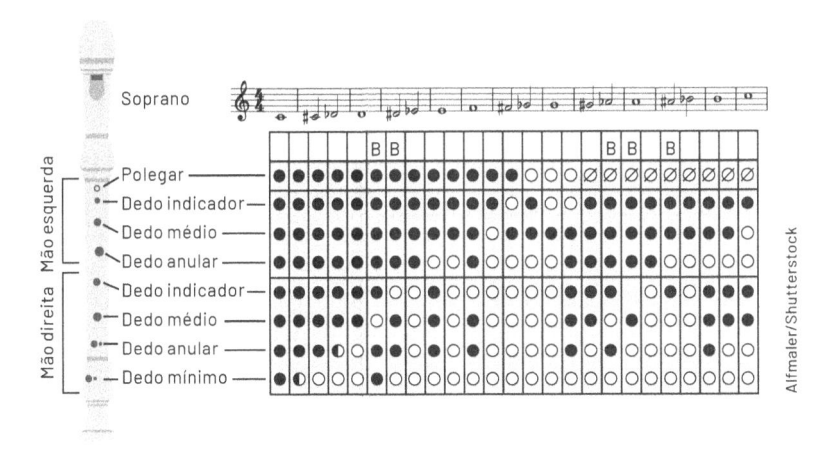

3.4 Extensão

Em geral, a flauta doce tem a extensão de duas oitavas, e grande parte do repertório utiliza essa extensão; entretanto, flautistas treinados podem alcançar duas oitavas e ainda uma quinta.

Alguns instrumentos de sua família são transpositores de oitava, o que significa que o som que é tocado soa uma oitava acima daquele que é lido na partitura. São eles: a **sopranino**, afinada em Fá; a **soprano**, afinada em Dó; e a **baixo**, afinada em Fá.

Essa transposição costuma ser assinalada na partitura por meio do número 8, colocado acima ou abaixo da clave. Mesmo que esse sinal não esteja grafado, ainda assim, as flautas sopranino, soprano e baixo têm o som transposto em relação à partitura.

A **contralto**, afinada em Fá, e a **tenor**, afinada em Dó, soam na mesma tessitura em que são escritas.

A **baixo** é escrita na clave de Fá, e a **soprano**, a **sopranino**, a **contralto** e a **tenor**, na clave de Sol.

A Figura 3.13 ilustra a extensão de cada uma das flautas, já considerando as transposições citadas.

Figura 3.13 – Extensão das flautas

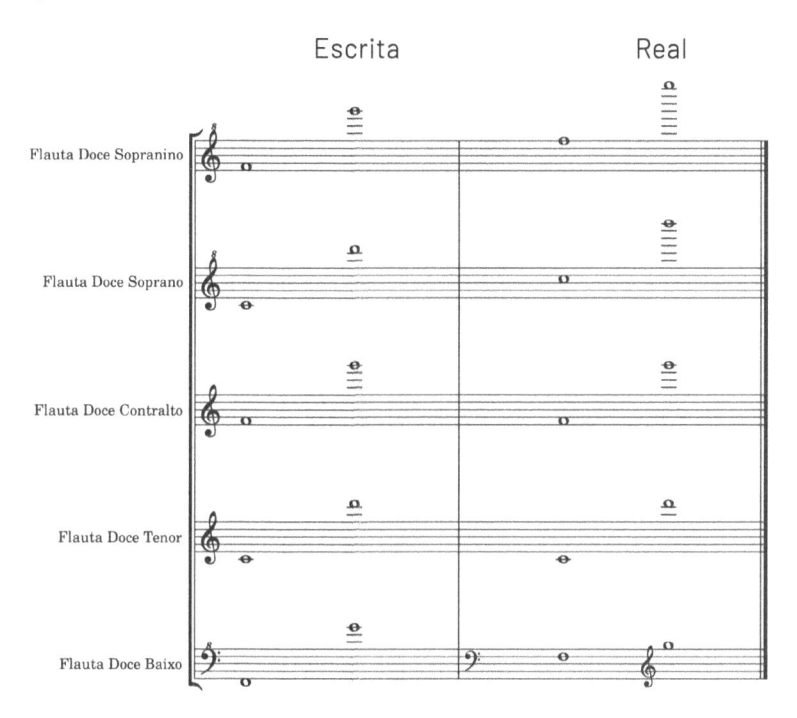

A partir da segunda oitava – ou seja, a partir da nota Ré agudo para as flautas afinadas em Dó e da nota Sol agudo para as flautas afinadas em Fá –, é necessário o uso do polegar para fazer as notas agudas. Essas notas utilizam o orifício número 0, que deve ser parcialmente tampado pelo polegar esquerdo.

O movimento de tampar parcialmente o orifício 0 deve ser feito inclinando-se o polegar em direção ao orifício, tampando-o parcialmente com o auxílio da unha e deixando uma pequena parte do orifício aberta.

É preciso que a unha esteja curta para que possa ser corretamente posicionada. O movimento que o polegar faz é semelhante ao de desgrudar algo, como uma etiqueta, o que está demonstrado na Figura 3.14.

Figura 3.14 – Movimento do polegar esquerdo

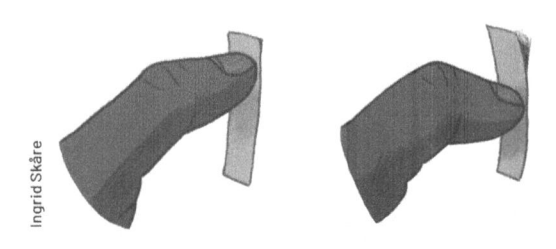

Ingrid Skåre

Figura 3.15 – Porção do orifício O a ser tampada pelo polegar esquerdo

Além de observar o movimento correto do polegar, é necessário adequar a quantidade e a velocidade do ar emitido. Em geral, quanto mais agudo for o som, maiores serão a quantidade e a velocidade do ar.

Ressaltamos que esse ajuste não é exagerado, portanto o uso do afinador é recomendável para poder encontrar a quantidade e o fluxo de ar adequados para essas notas.

3.5 Dedilhados alternativos

A flauta doce é um instrumento temperado, o que significa que a afinação não é fixa, de modo que podemos alterar a afinação das notas. Ao tocar em conjunto, é necessário ajustar a afinação com outros instrumentos; portanto, algumas notas devem ser afinadas de maneira diferente – mais agudas ou mais graves.

Outras vezes, alguma característica específica do instrumento faz com que determinadas notas soem mais altas ou mais baixas. Existem também algumas passagens de notas muito complexas que podem dificultar o fraseado e o ritmo.

Ao realizarmos algumas dinâmicas, algumas notas podem desafinar. Pode ser, ainda, que queiramos mudar o timbre de algumas notas ou fazer um ornamento, como o trinado. Para todos esses casos, existem os dedilhados alternativos.

Para cada nota da flauta, há mais de uma possibilidade de dedilhado. Pense na passagem Dó – Si ou Mi – Fá nas flautas em Dó: determinadas passagens podem dificultar a execução, provocando ruídos.

Por isso, é importante conhecer essas posições diferentes. Uma forma de localizar essas posições alternativas é a seguinte: pense na nota, suba um semitom e inclua um dedo. Por exemplo: para encontrar o dedilhado alternativo da nota Si, faça o Dó e acrescente um dedo abaixo do último dedo utilizado; nesse caso, acrescente o terceiro dedo. É necessário ajustar a quantidade de ar para a nota não soar desafinada; na situação exemplificada, então, você deve diminuir a quantidade de ar para que a nota Si com dedilhado alternativo não soe muito alta.

Pratique da seguinte forma: escolha uma nota e toque de acordo com a posição normal; depois, toque o dedilhado alternativo e volte para a posição natural. Repita isso várias vezes buscando equilibrar a afinação, tendo como referência principal a nota normal[2]. Confira a seguir, na Figura 3.16, alguns dedilhados alternativos para a nota Si bemol.

Figura 3.16 – Dedilhados alternativos para a nota Si bemol

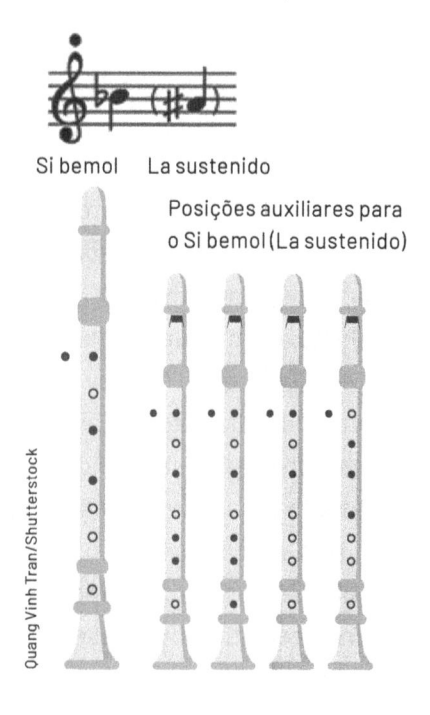

---

2   Há diversas possibilidades de dedilhados alternativos no seguinte documento: DEDILHADOS para a flauta doce, de Blocki. Disponível em: <http://www.econ.puc-rio.br/uploads/en/files/12ab7bda03aaaac3cee21f524fd4903b8c85b80e.pdf>. Acesso em: 6 jul. 2022.

Ao trabalhar com o ensino de flauta doce, os dedilhados alternativos podem ser inseridos tão logo o dedilhado-padrão tenha sido dominado. Certifique-se de que o aluno está seguro nas posições trabalhadas e, então, motive-o a encontrar outras posições para as notas. Faça isso utilizando um afinador ou um instrumento de afinação fixa, de modo a não ter prejuízos com a afinação durante essa exploração.

Curiosidade

Escute as diferenças de sonoridade das posições alternativas, a partir de 8min58s, no seguinte *link*:

HOW to Play Alternative Fingerings. Team Recorder. Disponível em: <https://www.youtube.com/watch?v=KVuFyMqD0oU>. Acesso em: 6 jul. 2022.

Síntese

A consciência e o controle do ar são fundamentais para tocar instrumentos de sopro, entre os quais se inclui a flauta doce. O som desse instrumento varia de acordo com o modelo, o dedilhado e o fluxo do ar, por isso é tão importante perceber e praticar a respiração e a emissão. Busque a melhor afinação e sonoridade possível, utilizando o apoio de outros instrumentos ou de afinadores. Evite o uso das flautas germânicas, preferindo sempre o modelo barroco.

Atividades de autoavaliação

1. A flauta doce é um instrumento cuja produção de som ocorre por meio do uso do ar. Sobre a respiração do flautista, assinale a alternativa correta:
   a) A respiração é algo que todos fazemos, portanto não é necessário treiná-la.
   b) A respiração ocorre de modo independente do fraseado musical, da afinação e da altura das notas.
   c) A flauta doce demanda uma grande capacidade respiratória, por isso é necessário praticar exercícios para desenvolver o fôlego.
   d) A respiração diafragmática, que é utilizada na flauta doce, deve ser treinada e realizada de maneira consciente e planejada.
   e) Deve-se treinar a respiração correta apenas utilizando a flauta doce.

2. Avalie as afirmativas a seguir e indique V para as verdadeiras e F para as falsas.
   ( ) A qualidade do som é comprometida quando não existe a regulação da emissão do ar.
   ( ) Para crianças ou alunos iniciantes, não é necessário trabalhar assuntos como a respiração, a emissão e a articulação do som, apenas com alunos avançados.
   ( ) Em geral, devemos emitir um fluxo de ar estável na flauta, sem aumentar ou diminuir a intensidade do sopro durante a nota.

( ) A quantidade e a velocidade do ar não influenciam a afinação das notas.

( ) A afinação da flauta doce pode ser regulada em certa medida.

Agora, assinale a alternativa que apresenta a sequência correta:

a) V, F, V, F, V.
b) F, V, V, F, F.
c) V, V, V, F, V.
d) V, F, F, F, V.
e) F, F, F, F, V.

3. Avalie as afirmativas a seguir e indique V para as verdadeiras e F para as falsas.

a) ( ) *Digitação* é o termo que faz alusão às posições dos dedos.
b) ( ) Os dedilhados são padronizados em todos os modelos de flauta, incluindo os modelos históricos.
c) ( ) O dedilhado moderno é o utilizado com mais frequência.
d) ( ) A flauta soprano barroca tem o dedilhado de forquilha na nota Fá natural.
e) ( ) Os modelos germânicos têm um dedilhado mais fácil e, por isso, são recomendados para iniciantes.

Agora, assinale a alternativa que apresenta a sequência correta:

a) V, V, F, V, V.
b) V, V, F, V, F.
c) F, F, V, V, F.
d) V, F, V, V, F.
e) F, V, F, V, V.

4. A tessitura da flauta doce envolve aspectos específicos relacionados à digitação, ao fluxo do ar e à grafia. Nesse sentido, assinale a alternativa que alude corretamente a um desses aspectos:
   a) A maioria do repertório de flauta doce utiliza duas oitavas e uma quinta.
   b) A sopranino, a soprano, a contralto, a tenor e a baixo são flautas transpositoras, pois soam uma oitava acima do que está escrito.
   c) Se não houver a indicação do número 8 ao lado da clave, o som não será transposto.
   d) Ao destampar o orifício 0, é possível tocar todas as notas da região aguda.
   e) Para tocar as notas da região aguda, é necessário usar o polegar e ajustar a emissão do ar.

5. Em quais casos se utilizam os dedilhados alternativos?
   a) Ao tocar em conjunto, quando é necessário ajustar a afinação com outros instrumentos.
   b) Em passagens complexas, para facilitar o fraseado e o ritmo.
   c) Ao realizar dinâmicas e timbres diferentes.
   d) Para fazer ornamentos.
   e) Todas as alternativas estão corretas.

Atividades de aprendizagem

Questões para reflexão

1. Considerando sua atuação docente com a flauta doce, quais estratégias você pode desenvolver para conscientizar seus alunos sobre a importância da respiração e da emissão do ar?
2. A emissão do ar não pode ser observada a olho nu. Como é possível, então, perceber como isso ocorre na flauta doce?

Atividade aplicada: prática

1. Em sua prática docente, escolha uma melodia que seu aluno domine com desenvoltura e faça uma transposição para a região aguda para treinar esse aspecto na flauta. Elabore um exercício que utilize as oitavas, como tocar as notas Mi grave – Mi agudo e Sol grave – Sol agudo. Outro exercício pode ser o eco em oitavas diferentes: você toca uma sequência rítmica utilizando a nota grave e o aluno deve repetir o mesmo na região aguda. Busque ouvir seus alunos individualmente porque esse é o melhor modo de perceber como está a emissão de ar e a sonoridade. Para isso, caso se trate de um grupo grande, divida a turma em grupos de quatro a cinco alunos e faça exercícios de *tutti* e de solo, nos quais cada aluno possa tocar sozinho por um momento.

Capítulo 4
ASPECTOS TÉCNICOS III: ARTICULAÇÃO E DINÂMICA

Dando continuidade ao tema do capítulo anterior, vamos tratar da articulação e da dinâmica, essencialmente relacionadas à respiração e à emissão. O vibrato e a forma de estudar complementam os assuntos deste capítulo.

Iniciaremos abordando a relevância da articulação e indicaremos exercícios para sua prática. Na sequência, detalharemos a combinação de duas ou mais articulações por meio de exercícios para a flauta doce, bem como os usos da articulação e sua relação com a expressividade na interpretação musical.

Finalizaremos o capítulo apresentando as questões que permeiam os usos da dinâmica e do vibrato na flauta doce, com indicações sobre como sistematizar e otimizar a prática musical, com a finalidade de oferecer ferramentas que contribuam para o bom desempenho nesse instrumento.

4.1 Articulação simples

Já ressaltamos que a respiração e o controle na emissão do ar são importantes para a boa sonoridade na flauta. Além desses aspectos, é preciso considerar também a articulação, que é um elemento essencial para a qualidade do som desse instrumento.

No capítulo anterior, estabelecemos uma analogia entre a emissão do ar e a água que sai por uma torneira, observando que ambas devem ser mantidas em um fluxo contínuo, com um começo e um final bem definidos.

O elemento que controla e define o início (ataque da nota) e o final (finalização da nota) da emissão do ar e ajuda na manutenção de seu controle é a língua, cuja articulação também contribui para a afinação e a qualidade do som.

Com esse recurso, é possível tocar as diferentes articulações musicais – por exemplo, *staccato*, *legato*, *portato* –, definindo-se o tamanho das notas e a conexão entre elas, como no caso dos agrupamentos de quatro semicolcheias.

Assim, vale ressaltar que o ato de tocar flauta doce exige não apenas o assoprar, mas também a atenção ao modo adequado de fazê-lo. É comum que iniciantes tenham o impulso de assoprar, em cada nota, da mesma forma como assopram uma vela de aniversário, com o movimento parecido ao de falar a sílaba [fu]. É nesse momento que o professor deve fazer a diferença.

Em exercícios anteriores, já indicamos o uso da articulação mesmo sem detalhar esse aspecto, pois não é possível pensar no som da flauta sem o uso da articulação. Desse modo, reforçamos que, no ensino de flauta – com crianças, jovens, adultos ou idosos – em qualquer nível e na prática de flauta doce – tocando em casa, na sala de aula ou em uma apresentação –, o uso da articulação é sempre indispensável e não negociável.

Para ilustrar sua relevância, podemos fazer a seguinte comparação: um baterista não toca sem suas baquetas, ou um pianista sem o movimento dos dedos; da mesma maneira, um flautista não toca sem o uso da articulação.

Como argumenta Aguilar (2006, p. 639), "podemos definir articulação para a prática da flauta doce como uma combinação de ações dos órgãos articuladores da boca que irão determinar os ataques (inícios) e desfechos dos sons musicais tendo como objetivo explicitar ou valorizar o padrão estético da obra".

Os instrumentos de sopro, por serem posicionados na boca, envolvem o uso dos órgãos articuladores que produzem os sons das vogais e das consoantes. Utilizados na flauta doce, estes contribuem para a clareza de um discurso sonoro, como uma "fala" expressiva e musical. Especialmente na flauta doce, por não se usar bocal ou palhetas, o som é bastante influenciado pela articulação das consoantes e das vogais. Ainda de acordo com Aguilar (2006), as consoantes e vogais utilizadas na articulação para tocar flauta doce têm relação com a língua materna do flautista.

Nos métodos de flauta doce, existem diferentes indicações de articulações para o início do aprendizado, e as sílabas [du] e [tu] são as utilizadas com mais frequência. Em outras palavras, o ar será "assoprado" como se falássemos [dut] ou [tut], porém sem o som da voz e considerando que a consoante [t] do final é muda.

Com essas duas consoantes, a língua encosta na gengiva atrás dos dentes frontais de cima, impulsionando o ar. Vamos exercitar a articulação da seguinte forma:

a) Pronuncie as sílabas [tu-tu-tu-tu] e [du-du-du-du], percebendo e sentindo o movimento da língua, que deve sempre encostar no mesmo lugar (na gengiva, atrás dos dentes).

b) Com a palma da mão aberta em frente ao seu rosto, na direção dos lábios, repita o exercício anterior e sinta o fluxo do ar em sua mão.

c) Faça o exercício novamente, mas sem o som da voz enquanto emite o fluxo de ar, percebendo ainda o movimento da língua encostando no mesmo lugar.

d) Com a flauta, escolha uma nota e toque, utilizando o [tu-tu-tu-tu] e, depois, o [du-du-du-du]. Repita o exercício com outras notas.

Percebeu a diferença entre as duas articulações? Qual produz uma sonoridade mais conectada e qual destaca o som das notas?

O [du] contribui para conectar as notas (como no *legato*) e o [tu] é utilizado para tocar as notas curtas (como no *staccato*). Como já explicamos, tanto o [tu] quanto o [du] podem ser empregados para a iniciação instrumental, mas é importante escolher apenas uma das duas articulações para o começo do aprendizado na flauta; assim que o praticante tiver o domínio dela, poderá utilizar também a outra. A articulação em que se usa apenas uma consoante é chamada de *articulação simples*.

Outras sílabas utilizadas são o [ru], com o [r] falado da mesma forma que na palavra *Aruba*, e o [lu], como em *lua*; ambos, geralmente, são empregados em associação com o [tu] ou com o [du], assunto que será tratado na sequência.

As consoantes [k] e [g] (como na palavra *guru*), produzidas na garganta, são também utilizadas, mas, assim como o [ru] e o [lu], aparecem, frequentemente, combinadas com o [tu] e o [du]. Essas consoantes – [r], [l], [k], [g] – são complementares às articulações [tu] e [du], que devem ser priorizadas para iniciantes, de modo que as articulações complementares sejam inseridas no decorrer do aprendizado.

Vamos treinar as articulações simples com alguns exercícios. Neste momento, utilizaremos o [tu], então não se esqueça de que, em cada nota, iniciaremos o som com a articulação [tu], conforme descrevemos a seguir.

Procure tocar um início de nota claro, mas não exagerado, sem ruídos. Se perceber que o som "explodiu", refaça o exercício até encontrar um equilíbrio entre o impulso da língua e a sonoridade sem ruídos (Figura 4.1).

Figura 4.1 – Exercício de articulação 1

(partitura: tu tu tuu | tu tu tuu | tu tu tu tu | tu tu tuu)

Fique atento!

Lembre-se de que não pronunciamos o som do [tu] com a voz!

Agora, vamos treinar a articulação com notas diferentes, buscando manter o ritmo constante e atentando sempre para a afinação das notas e para o fluxo do ar. Mantenha o [tu] em todas as notas (Figura 4.2).

Figura 4.2 – Exercício de articulação 2

Treine a articulação também ao tocar a escala, utilizando os ritmos sugeridos a seguir, ou crie sua célula rítmica. Estabeleça uma pulsação confortável para a respiração e para a afinação (Figura 4.3).

Figura 4.3 – Exercício de articulação 3

Se conseguir, pratique também com uma respiração diferente: a cada quatro compassos (Figuras 4.4 e 4.5)

Figura 4.4 – Exercício de articulação 4

Figura 4.5 – Exercício de articulação 5

4.2 Articulação dupla

A abordagem sobre a articulação, suas derivações – como articulações duplas – e sua utilização na técnica e no repertório é bastante extensa, variando conforme o autor e o período histórico considerados. Além disso, o assunto recebe contribuições de diferentes autores, pesquisadores, educadores e compositores. Diante desse contexto, nesta seção, trataremos de aspectos gerais e necessários para a iniciação instrumental na flauta.

A articulação dupla ocorre quando combinamos duas consoantes diferentes. Na seção anterior, comentamos, brevemente, algumas combinações possíveis de consoantes. Reflita um pouco: Qual o motivo de combinarmos diferentes consoantes? Qual efeito isso causa quando tocamos? Como sabemos qual combinação usar e em qual momento?

A combinação de consoantes, e até mesmo de vogais, resulta em diferentes sonoridades, fraseados e efeitos que são adequados a determinados repertórios e estéticas. Essa combinação também contribui com aspectos técnicos da flauta doce, facilitando, inclusive, a execução de passagens rápidas.

Assim como a articulação simples, o uso de combinações de consoantes também se relaciona com a língua materna, por isso algumas combinações são mais ou menos utilizadas de acordo com a região de procedência do flautista.

As articulações duplas [t – k], [t – r], [d – g] e [d – r] são utilizadas com frequência em passagens rápidas, principalmente quando existem notas repetidas ou um semitom entre as notas. A primeira, [t – k], tem uma sonoridade mais forte e marcada; já [d – g] tem uma sonoridade suave.

O próximo exercício (Figura 4.6) trabalha esse tipo de articulação. Comece exercitando sem a flauta, atentando para a regularidade dos movimentos da língua. É importante conseguir pronunciar as sílabas indicadas com fluência e clareza na articulação.

Figura 4.6 – Exercício de articulação dupla

Pronuncie várias vezes, em diferentes velocidades, e confira se a língua encosta sempre no mesmo local: as consoantes [t] e [d] encostam próximo à gengiva, atrás dos dentes da frente. Depois de conseguir falar fluentemente e com um movimento regular da língua, repita o exercício sem falar, emitindo um fluxo de ar constante, como se faz na flauta. Coloque a palma de sua mão na frente do rosto para sentir o fluxo de ar nela. Lembre-se: sem falar e com o fluxo do ar.

Agora, vamos treinar da seguinte forma: segure a flauta à sua frente, longe dos lábios, e faça a articulação [tu – ru] sem a voz e sem tocar os lábios na flauta, mas com a emissão de ar. Continue articulando e, aos poucos, vá aproximando a flauta dos lábios até pousá-la no lábio inferior; passe, então, a produzir a articulação com o som da flauta. Repita esse exercício com as outras articulações: [tu-ku], [du – gu] e [du – ru].

Por fim, vamos fazer o exercício com a escala, objetivando treinar a regularidade da articulação, a velocidade das notas e a sincronia entre os dedos, o ritmo e a articulação. Como mostram as Figuras 4.7 e 4.8, utilize as articulações duplas [t – r] e [d – r].

Figura 4.7 – Exercício de articulação com a escala

Figura 4.8 – Exercício de articulação em terças

du ru du ru du ru du ru du ru du ru du ru du ru du ru du ru du ru du ru

> **Fique atento!**
>
> Não custa lembrar: sem falar e com o fluxo do ar. Escolha sempre um andamento confortável para a articulação, a afinação e a sincronia.

4.3 Articulação expressiva

Você já teve a oportunidade de assistir a um instrumentista virtuoso tocar? Em uma ocasião como essa, possivelmente o elemento responsável por ter causado esse impacto foi a expressividade na *performance*. A forma expressiva de tocar, além de tecnicamente correta, transmite com perícia as intenções do compositor e do intérprete. A interpretação expressiva é o objetivo principal de instrumentistas e cantores e pode ser entendida como a sutil manipulação dos parâmetros sonoros e musicais em pontos específicos da obra (Lehmann; Sloboda; Woody, 2007) sem modificar sua identidade musical.

A flauta doce é um instrumento rico em possibilidades expressivas, principalmente pelo fato de não haver um bocal (como no trompete) ou palheta (como no oboé), de modo que a articulação dos músculos da fala influencia diretamente sua sonoridade. Por isso, é comum alguns autores afirmarem que é possível até "falar" com a flauta doce. A combinação de diferentes articulações contribui para a comunicação dessa expressividade. Portanto, é essencial treinar diferentes articulações e, também, compreender como utilizá-las no repertório.

Cada período histórico da música manifesta determinadas concepções estéticas que implicam observar questões técnicas específicas. Na flauta doce, isso também ocorre: ao tocar, por exemplo, a música renascentista ou a barroca, é necessário conhecer a estética desses períodos para utilizar as articulações adequadas para alcançar a qualidade esperada.

A expressividade, até no mesmo período histórico, varia de acordo com o local: uma peça barroca francesa era interpretada diferentemente de uma peça italiana do mesmo período. Por isso, sempre que vamos tocar um repertório, devemos buscar conhecer o período e a estética da peça.

Como ressaltamos no início, esse assunto é bastante abrangente e não será possível esgotar aqui todas as possibilidades expressivas que as articulações oferecem em cada tipo de repertório. Assim, descrevemos, a seguir, alguns usos da articulação e seus efeitos expressivos, como um exercício. Mas atenção: não se trata de uma bula, então não faça uso de tais orientações sem prescrição "musical" (conhecimento sobre a estética da música).

- Nesse exercício, utilize o [tu] no tempo forte e, nos outros, o [du]:

    [tu-du]

- Nas notas em grau conjunto, utilize [tu – ru]:

    [tu-tu-ru]

- Nas notas em *legato*, utilize [du]:

    [du-du]

- Em trechos rápidos, principalmente em semicolcheias, utilize [tu – ku]; para um efeito mais delicado, [ti – ki] e, mais suave, [du – gu]:

    [tu-ku-tu-ru]

- Quando houver ligadura, articule apenas a primeira nota, prolongando o [u] nas demais notas ligadas:

[tu u]

- Nas notas em *staccato*, utilize [tu]:

[tu tu]

- Em sequências de duas notas ou terminações de frase, utilize [tu – du]:

[tu du]

Considerando essas possibilidades, pratique a música *Alecrim dourado* (Figura 4.9), explorando as articulações treinadas e criando suas combinações de acordo com o efeito expressivo que desejar. Anote as articulações que escolheu na partitura.

Figura 4.9 – Treino das articulações na música *Alecrim dourado*

4.4 Dinâmica e vibrato

Vamos começar com uma experiência: pegue um afinador e afine sua flauta com a nota Lá, conforme já orientamos. Depois, toque a nota Dó agudo, buscando manter uma afinação estável. Quando conseguir, continue tocando, mas mude a dinâmica: faça forte, fortíssimo, piano e pianíssimo, tudo isso enquanto olha no afinador. O que aconteceu? A nota se manteve afinada ao mudar de dinâmica? Provavelmente, a afinação subiu quando você assoprou muito para fazer o forte e abaixou quando você assoprou pouco para fazer o fraco. Então, será que é possível fazer dinâmicas na flauta doce? A resposta é: sim, é possível. A diferença, no entanto, é que o alcance das dinâmicas é menor se comparada ao obtido em outros instrumentos. Portanto, a diferença entre o piano e o pianíssimo, por exemplo, será mais sutil. Então, para reforçar o contraste e a expressividade das dinâmicas, são empregados recursos complementares, como a articulação e o timbre.

A seguir, relacionamos alguns recursos que podem ser utilizados para tocar as dinâmicas na flauta:

- **Volume do ar**: assopre mais ou menos forte, porém é necessário ajustar a afinação com os dedilhados alternativos. Se for tocar forte, adicione dedos ao dedilhado; como vimos na Seção 3.5; se for tocar piano, diminua suavemente a pressão do último dedo (por exemplo, se for a nota Lá, diminua a pressão do dedo 2). Essa técnica exigirá muito treino e atenção para que o resultado seja bom.
- **Timbre**: é possível mudar o timbre alterando a forma de assoprar na flauta. Assopre na sua mão com um fluxo de ar lento, abundante e quente; depois, assopre da mesma forma na flauta, e o

resultado será um som levemente mais forte. Agora, assopre na sua mão com um fluxo de ar fino, rápido e frio e, então, faça o mesmo na flauta. O som será levemente mais fraco. Essas diferenças são muito sutis e podem ser alcançadas e percebidas com bastante treino e atenção ao som.

- **Comprimento da nota**: os efeitos de articulação musical podem contribuir com a dinâmica. De modo geral, as notas curtas podem sugerir um som fraco, e as notas longas ou conectadas podem dar a impressão de uma dinâmica forte. Essas sugestões e esses efeitos, quando combinados com os outros recursos de dinâmica na flauta, ajudam a enfatizar a dinâmica pretendida. Esse recurso é especialmente útil quando há uma repetição de frase: na primeira vez, você pode tocar mais *legato*, com uma articulação menos marcada – sugerindo um forte – e, na segunda, contrastar com uma articulação mais curta e marcada – sugerindo um piano.

O vibrato é também um recurso de dinâmica, pois contribui para enfatizar uma nota, tornando-a mais marcante, intensa. Pense, agora, em seu instrumento, ou seja, aquele que você toca há mais tempo: Como funciona o vibrato nele?

De acordo com Moens-Haenen (2001, tradução nossa), o vibrato consiste em "uma flutuação regular da altura ou da intensidade (ou ambos), tanto mais ou menos pronunciado quanto mais ou menos rápido". Seu uso e o modo de executá-lo se relacionam com os aspectos interpretativos e expressivos de uma obra musical. Existem diferentes tipos de vibratos que são utilizados em diversos tipos de repertório. Na flauta doce, um dos usos frequentes é como um ornamento no repertório do período barroco.

O vibrato começa com a afinação da nota bem definida e requer uma boa base de postura e respiração por parte do flautista, o que quer dizer que seu uso com iniciantes deve ser avaliado com atenção. Ressaltamos que o vibrato não deve ser um disfarce para um problema de afinação. A oscilação da afinação da nota, acima ou abaixo do tom, deve ocorrer de maneira homogênea, ou seja, a afinação não pode subir mais do que abaixar, ou vice-versa.

Na Figura 4.10, observamos essa representação: a linha reta é a nota afinada, e a linha curva é a regularidade na oscilação.

Figura 4.10 – Representação da oscilação regular da afinação no vibrato

A seguir, vamos apresentar alguns exercícios para você treinar o vibrato.

- Com a nota Dó agudo da flauta soprano (digitação 02), ou seja, furos 02 tampados), "empurre" o ar para fora de uma vez só, em um impulso que vai diminuindo. Depois, ao contrário, comece com pouco ar e aumente, como indicado na Figura 4.11.

Figura 4.11 – Exercício para o vibrato

>
Fluxo de ar: muito ar e diminui

<
Fluxo de ar: pouco ar e aumenta

- Repita várias vezes esses dois processos e, a cada repetição, utilize menos ar, unindo essas duas ações. Progressivamente, a ondulação vai se formando de modo homogêneo e constante.
- Agora, toque alternando a ondulação com a nota "pura": comece com a ondulação constante – sem exagerar nos picos e nos vales –, seguida pela nota "pura".
- Faça ao contrário: comece pela nota "pura" e, depois, inicie a ondulação.
- Toque uma escala com notas longas, atacando a nota sem vibrar e fazendo o vibrato na sequência.

Em algum repertório de sua preferência, experimente incluir o vibrato primeiro em notas longas. Pense nele como um tempero que, em excesso, pode prejudicar o resultado.

O vibrato também é um assunto vasto e complexo, cujas concepções, técnicas e aplicações variam de acordo com o contexto, a estética e a visão de quem está tocando ou ensinando. Os exercícios anteriores são alguns experimentos para estimular você a buscar, experimentar e descobrir seu vibrato.

4.5 Estratégias de prática

Até agora, analisamos vários temas relacionados à flauta doce, incluindo noções básicas do instrumento e elementos referentes à sua prática, como postura, posição dos membros, produção do som, articulação e dinâmica. Não é difícil perceber que, assim como para um atleta são fundamentais a dedicação e a preparação intensa, que envolve o conhecimento de diversos aspectos de sua modalidade, também para aquele que quer tocar e ensinar um instrumento musical é imprescindível o domínio de diferentes aspectos: consciência corporal, posições, técnica de produção de som e dedilhado, repertório, didática, entre outros. Para tudo isso, há apenas um caminho: praticar.

Como você pratica seu instrumento? Faz algum aquecimento ou já começa a tocar uma música de que gosta? Usa espelho para verificar a postura ou fica de qualquer jeito, na posição que lhe parecer mais confortável? Toca sempre a mesma coisa ou busca novos desafios? Toca algum exercício técnico ou apenas as músicas? Se encontrar desafios, você opta por repetir até acertar ou cria estratégias para identificar e resolver os possíveis problemas? Usa metrônomo, afinador, partitura ou vai tentando tirar de ouvido até dar certo? Toca um pouco todos os dias ou apenas quando se sente inspirado?

Independentemente de você ser um flautista experiente ou de estar iniciando os estudos, ou ainda de a flauta doce ser seu instrumento principal ou não, a forma correta de praticá-la é fundamental para o progresso. O esforço consciente faz com que a prática de flauta doce seja agradável e construtiva, proporcionando um resultado positivo na *performance*.

Existem diferentes abordagens metodológicas para aprender e praticar flauta, desde aquelas que se fundamentam no ouvir, copiar e memorizar até aquelas que privilegiam a leitura e a técnica. Todas as metodologias contam com elementos que podem contribuir para os flautistas. Neste momento, não trataremos de nenhum método ou abordagem em específico, mas relacionaremos formas de estudar que podem ajudá-lo.

- Elabore uma agenda semanal de estudos: assim como acontece com os atletas, o ideal é que o músico pratique todos os dias. Se isso não for possível, analise sua rotina e identifique os melhores dias e horários para estudar. Seja realista e programe uma rotina viável, não algo que dependa de situações sobre as quais você não tenha controle.

- Pense no tempo das sessões de estudo: atente para o fato de que uma longa sessão de estudos em um único dia não equivale a uma semana sem praticar. Isso significa que sessões de 15 minutos, cinco vezes por semana podem gerar melhor resultado do que uma sessão de duas horas em um dia.
- Registre o cronograma semanal em um papel, incluindo os dias e horários de prática: se acontecer algum imprevisto, busque remanejar os horários. Deixe esse cronograma em um lugar visível, envie para você mesmo ou crie lembretes no celular.
- Prepare o ambiente de estudo: verifique tudo o que for necessário, como estante, livro, partitura, lápis e borracha, afinador e metrônomo. Um celular com gravador de som e um espelho também são recursos para tornar a prática mais eficiente.
- Inicialmente, separe um conteúdo/exercício/repertório pequeno para praticar.
- Escolha sempre três alongamentos para começar a estudar. Procure variá-los, intercalando suas escolhas. Faça também um exercício de respiração e articulação.
- Verifique se as juntas estão encaixadas corretamente e alinhadas com a cabeça da flauta. Com um afinador, afine sua flauta utilizando a nota Lá, percebendo se é necessário abrir um pouco a junta superior ou não.
- Comece por exercícios fáceis e toque sempre buscando se ouvir e se olhar no espelho. Quando achar que já alcançou o resultado pretendido, grave-se tocando. Mas calma: não espere ouvir um som como o de uma gravação profissional. O objetivo é perceber os aspectos nos quais você deve investir sua atenção.

- Repita o exercício procurando corrigir o que você percebeu na gravação.
- Agora, pegue seu repertório e tente identificar o estilo, a tonalidade, o compasso, a forma, as notas alteradas e os sinais de articulação e repetição.
- Toque a escala da tonalidade da peça e relembre dedilhados que você possa ter esquecido.
- Separe a música em frases curtas e pratique-as por trechos. Se não tiver tempo, concentre-se em praticar poucas frases com capricho, e não a música toda sem atenção.
- Ao final do estudo, anote o que acha que precisa treinar na próxima vez e eventuais dúvidas que tenham surgido.
- Na próxima sessão de estudos, depois de alongar, faça uma breve revisão do que tocou anteriormente.

Síntese

A articulação é um dos aspectos principais da prática de flauta. Seja ela simples ou dupla, sempre devemos tocar utilizando alguma articulação. Isso deve ser ensinado e cobrado dos alunos. Pratique as diferentes articulações, percebendo seus efeitos técnicos e expressivos. Utilize-as em escalas ou crie exercícios com elas, incluindo-as também no repertório. A dinâmica e o vibrato são assuntos bastante complexos, que requerem atenção e cuidado. O estudo consciente e regular é fundamental para que você possa evoluir no instrumento, por isso elabore uma rotina de estudos e divirta-se!

Atividades de autoavaliação

1. Avalie as afirmativas a seguir e indique V para as verdadeiras e F para as falsas.

   ( ) O elemento responsável por controlar e definir o começo (ataque da nota) e o final (finalização da nota) e que utiliza o movimento da língua é a articulação.

   ( ) *Legato* e o *staccato* são termos do italiano utilizados para designar articulações na flauta doce.

   ( ) A combinação de vogais e consoantes na articulação influencia diretamente a produção de som na flauta doce.

   ( ) As sílabas [du] e [tu] são utilizadas na iniciação do instrumento.

   ( ) O uso da articulação é amplo e envolve variáveis como o idioma do flautista e o estilo da peça. Portanto, em razão de sua complexidade, a articulação deve ser ensinada apenas a alunos experientes.

   Agora, assinale a alternativa que apresenta a sequência correta:
   a) V, F, V, V, F.
   b) V, V, F, V, V.
   c) V, V, V, F, F.
   d) V, V, V, V, F.
   e) F, V, V, V, F.

2. Assinale a alternativa correta:
   a) O tópico referente à articulação pode ser estudado com base em uma única abordagem.
   b) A articulação dupla ocorre quando combinamos uma consoante e uma vogal.
   c) A combinação das articulações duplas resulta em diferentes sonoridades, fraseados e efeitos.

d) A articulação dupla contribui, exclusivamente, com a questão estética da flauta.
e) As articulações simples são utilizadas com frequência em passagens rápidas.

3. Avalie as afirmativas a seguir e indique V para as verdadeiras e F para as falsas.
( ) A flauta doce é um instrumento com limitadas possibilidades expressivas.
( ) O uso das articulações contribui com a expressividade na flauta doce.
( ) Deve-se utilizar apenas um padrão de articulação nos diferentes repertórios.
( ) A concepção estética de cada período histórico deve conduzir o estabelecimento dos critérios expressivos para a interpretação.
( ) De modo geral, nos tempos fortes dos compassos, pode-se utilizar o [ru].

Agora, assinale a alternativa que apresenta a sequência correta:

a) V, F, V, V, F.
b) V, F, F, V, F.
c) F, F, F, V, F.
d) F, V, F, V, F.
e) F, V, V, V, F.

4. Avalie as afirmativas a seguir.
   I) Na flauta doce, não é possível fazer as dinâmicas, pois ela desafinará.
   II) A diferença entre as dinâmicas é mais sutil na flauta doce.
   III) A articulação e o timbre são recursos que complementam as dinâmicas na flauta doce.
   IV) O vibrato é uma flutuação na afinação que deve ser ensinada desde a primeira aula.
   V) O vibrato deve ser utilizado para disfarçar problemas de afinação.

   Agora, assinale a alternativa correta:

   a) São verdadeiras as afirmativas I, IV e V apenas.
   b) São verdadeiras as afirmativas II e III apenas.
   c) São verdadeiras as afirmativas II, III e IV apenas.
   d) São verdadeiras as afirmativas IV e V apenas.
   e) Somente a afirmativa V é verdadeira.

5. Avalie as afirmativas a seguir e indique V para as verdadeiras e F para as falsas.
   ( ) A flauta doce é um instrumento que não oferece dificuldades, portanto sua prática não é necessária.
   ( ) Ao praticar o instrumento, é preciso seguir a intuição e a inspiração.
   ( ) O flautista pode obter resultados positivos por meio do treino correto.
   ( ) A melhor metodologia para a flauta doce é a que utiliza apenas a leitura musical.
   ( ) Dividir o treino em vários dias é mais produtivo do que concentrá-lo em um único dia.

Agora, assinale a alternativa que apresenta a sequência correta:

a) F, F, V, V, V.
b) F, F, V, F, V.
c) F, V, V, F, V.
d) V, F, V, F, F.
e) V, V, V, F, V.

Atividades de aprendizagem

Questões para reflexão

1. A articulação é um aspecto importante para a flauta doce. Grave-se tocando um trecho musical duas vezes: em uma delas, utilize a articulação e, na outra, apenas assopre como se assoprasse uma vela. Ouça as duas gravações e compare as diferenças entre os dois casos. O que ficou diferente e qual das versões você prefere?

2. Mesmo que este seja um assunto importante para a boa sonoridade da flauta, é possível encontrar professores que preferem não abordar a articulação com seus alunos. Em sua opinião, o que pode ser feito para conscientizar esses profissionais acerca da relevância do uso da articulação?

Atividades aplicadas: prática

1. Procure perceber a articulação em sua prática e na de seus alunos, ensinando-os e cobrando-os. Utilize gravadores de som, analogias com objetos, jogos e brincadeiras que estimulem a percepção auditiva e a prática da articulação. Um dos jogos que podem ser realizados é o de adivinha: o flautista toca de costas para o grupo, que deve adivinhar, pelo som, qual foi a articulação usada. Nesse caso, comece utilizando apenas o [tu] e o [du], introduzindo depois as articulações duplas.

2. Escolha uma frase de um repertório para flauta doce que você domine e toque-a de cor. Utilize diferentes articulações nessa frase e, então, combine-as com diferentes vogais. Grave esse momento e, depois, analise o áudio buscando perceber os efeitos de cada articulação. Registre em uma folha o resultado, considerando o seguinte roteiro:

- Consoante utilizada:
- Vogal utilizada:
- Efeito de dinâmica: [soou forte, fraco...]
- Efeito de articulação: [*staccato*, *legato*]
- Efeito expressivo: [explosivo, suave, delicado, agressivo...]
- Quando utilizar: [para ressaltar, enfatizar, para fazer uma terminação, para conectar...]

Capítulo 5
HISTÓRIA DO INSTRUMENTO E ORGANOLOGIA

Até aqui, direcionamos nossa abordagem sobre a prática de flauta doce ao tamanho soprano. Neste capítulo, porém, veremos que a família da flauta doce não se limita a esse modelo. Sem a pretensão de esgotar o assunto, buscaremos ampliar a visão acerca da flauta doce.

Iniciaremos analisando as flautas sopranino, soprano, contralto, tenor e baixo. Os modelos históricos serão explicados na sequência, bem como as transformações e as possibilidades dos novos instrumentos.

Por fim, apresentaremos os cuidados necessários para aquisição, limpeza, manutenção e conservação das flautas.

5.1 Instrumentos em Dó e em Fá

Em determinadas passagens deste livro, já citamos os diferentes instrumentos que compõem a família da flauta doce. Até este ponto, concentramo-nos na prática da flauta doce soprano, que é um modelo utilizado com frequência por iniciantes e possível de ser adquirido sem dificuldades quanto ao custo e ao acesso. Por esse motivo, esse modelo é tomado, por vezes, como sinônimo de flauta doce, e não é incomum constatar o espanto de quem é apresentado aos outros tipos, tamanhos, materiais e afinações de flauta doce.

Diferentemente do que ocorre com outras famílias de instrumentos, quem se dedica ao estudo da flauta doce não restringe sua prática apenas à soprano. Por exemplo, um violinista não pratica também o violoncelo nem um clarinetista pratica o oboé. Com os flautistas, assim que alguma fluência e domínio são conquistados na soprano, outros tamanhos já podem ser incluídos nos estudos, em razão da semelhança técnica entre eles. Os tamanhos mais utilizados e conhecidos são os encontrados em resina, o que os torna mais acessíveis. Esses tamanhos são ordenados do mais agudo para o mais grave: sopranino, soprano, contralto, tenor e baixo.

Esse conjunto de instrumentos permite a formação de orquestras de flautas, ou de grupos de câmara, além de enriquecer os agrupamentos de flautistas iniciantes. Portanto, incentivamos você a buscar outros tamanhos de flauta e a experimentar essa variedade e riqueza de timbres.

Figura 5.1 – Da esquerda para a direita, as flautas baixo, tenor, contralto, soprano e sopranino

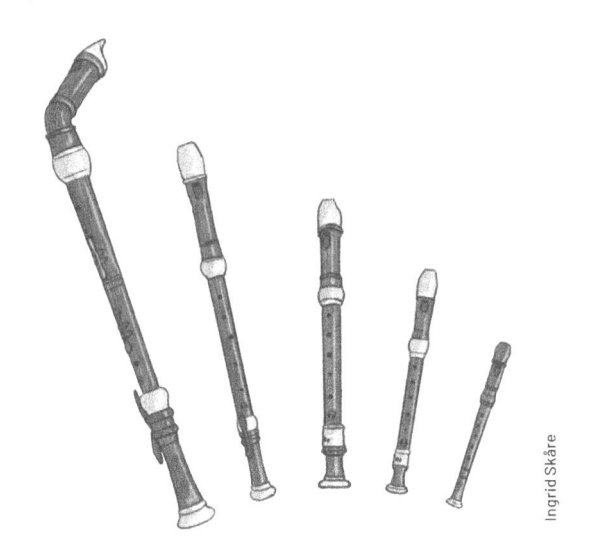

Ingrid Skåre

A grande família da flauta doce não é restrita a esses cinco tamanhos; outros instrumentos a integram. Contudo, por se tratar de modelos conhecidos e utilizados com mais frequência, o recorte deste capítulo concentra-se nesses cinco modelos.

No Capítulo 3, mencionamos que a flauta doce soprano é afinada em Dó, o que significa que essa é sua nota mais grave[1]. Relembramos também que se trata de um instrumento transpositor de oitava, ou seja, o som tocado é uma oitava acima daquele escrito na partitura[2].

Figura 5.2 – Flauta doce soprano (em inglês, *descant*)

chrisstockphoto / Alamy /Fotoarena

Além da soprano, outro instrumento afinado em Dó é a flauta tenor, geralmente escrita na clave de Sol, soando na mesma região escrita. Entendendo que ambas as flautas são afinadas em Dó, o dedilhado das duas flautas é o mesmo.

Na flauta tenor, é possível tocar, com o mesmo dedilhado, as mesmas peças e exercícios destinados à soprano. Entretanto, por ser maior do que a soprano e a contralto, a flauta tenor requer mais fluxo de ar, além de uma abertura maior dos dedos.

Por esse motivo, ela costuma vir com duas chaves acopladas que permitem o alcance da nota Dó grave com mais conforto. Antes

• • •
1   Para relembrar a extensão da flauta doce soprano e dos demais tamanhos, consulte a Seção 3.1.
2   Escute o som da flauta soprano em: GREEN Sleeves by Soprano Recorder. Disponível em: <https://www.youtube.com/watch?v=qn3QByehtxo>. Acesso em: 6 jul. 2022.

de tocar a flauta doce tenor, invista nos alongamentos, em especial das mãos e dos dedos[3].

Figura 5.3 – Flauta doce tenor (em inglês, *tenor*)

chrisstockphoto / Alamy / Fotoarena

Os instrumentos afinados em Fá são a flauta sopranino, a flauta contralto e a flauta baixo; portanto, todas têm o mesmo dedilhado. A flauta baixo é escrita na clave de Fá e transposta; as outras duas utilizam a clave de Sol: a sopranino, transpositora, soa uma oitava acima; já a contralto soa na mesma região na qual é escrita.

Por seu tamanho confortável, a flauta contralto também pode ser utilizada como um instrumento de iniciação com crianças maiores, adolescentes, adultos e idosos. Além disso, essa flauta tem mais possibilidades de repertório, pois muitos compositores escreveram

• • •
3   Escute o som da flauta tenor em: SCHINDLER'S list. Disponível em: <https://www.youtube.com/watch?v=xml-foAQKR0>. Acesso em: 6 jul. 2022.

peças para ela. Recomendamos que, se possível, você também invista em uma flauta contralto[4].

Figura 5.4 – Flauta doce contralto (em inglês, *alto*)

chrisstockphoto / Alamy / Fotoarena

A flauta baixo (*bass*, em inglês) é a mais grave desse conhecido quinteto, porém não é a flauta mais grave de toda a família da flauta doce, de modo que existem ainda a grande baixo em Dó, a contrabaixo em Fá, a subgrande baixo e a subcontrabaixo. Considerando que cada uma delas é maior em relação à anterior, imagine quão grave é o som da sub contrabaixo. No entanto, a mais acessível é a flauta baixo, pois existem modelos feitos em resina, e é dela que vamos tratar[5].

• • •
4   Escute o som da flauta contralto em: CLARA Guldberg Ravn. J. S. Bach, Corrente from Solo in a Minor, BWV 1013. Disponível em: <https://www.youtube.com/watch?v=cnU3IGtK1kU>. Acesso em: 6 jul. 2022.
5   Escute o som da flauta doce baixo em: REVEUSE Bass Solo Recorder. Disponível em: <https://www.youtube.com/watch?v=B2v2-uj3X2U&t=57s>. Acesso em: 6 jul. 2022.

Figura 5.5 – Flauta baixo de madeira

chrisstockphoto / Alamy / Fotoarena

A flauta baixo feita de resina é mais leve se comparada com a de madeira, mas essa característica não exclui a necessidade de utilizar alguns acessórios para segurá-la. As flautas de resina têm uma curvatura na parte do bocal que ajuda na postura e um apoio de polegar já fixo na flauta, além de serem acompanhadas de uma alça que fica em volta do pescoço e presa à flauta. Por serem grandes, elas têm chaves para os dedos 3, 4 e 7 e, por esse motivo, algumas pessoas julgam a baixo mais confortável do que a tenor. Se estiver tocando em um grupo de flautas, as outras flautas devem ser afinadas em relação à flauta doce baixo.

A sopranino (chamada assim também em inglês) é menor do que a soprano e, por sua tessitura bem aguda, tende a ser usada com menos frequência. Todavia, por esse mesmo motivo, pode ser utilizada para acrescentar destaque e brilho a um conjunto. O tamanho reduzido e a proximidade dos orifícios exigem cuidado com a postura e com a emissão do ar.

Ainda que seja a menor do quinteto, a sopranino não deve ser vista apenas como um instrumento coadjuvante, pois conta com um repertório solista que inclui três concertos de Vivaldi[6].

Figura 5.6 – Flauta doce sopranino

MiniMoon Photo/Shutterstock

Apesar de o flautista ter a possibilidade de transitar entre as diversas flautas da família, em cada uma das flautas é preciso adequar a emissão do ar e a postura. Por isso, ao iniciar o estudo de uma flauta com tamanho diferente, é fundamental utilizar uma parte do treino com exercícios de notas longas, de escalas e de agilidade para perceber e fazer as adequações necessárias.

As flautas em resina tornaram acessível a aquisição de mais de um tamanho de instrumento, por isso, sempre que puder, conheça e explore essa riqueza de possibilidades sonoras[7].

• • •
6 Ouça um concerto de Vivaldi neste *link*: VIVALDI Sopranino Recorder Concerto 443 - New Dutch Academy. Disponível em: <https://www.youtube.com/watch?v=uyxZaZA5GRs>. Acesso em: 6 jul. 2022.
7 Escute um quinteto de flautas neste *link*: GREENSLEEVES to a Ground, performed by Fontanella Recorder Quintet. Disponível em: <https://www.youtube.com/watch?v=fLalEYQ4q38>. Acesso em: 6 jul. 2022.

5.2 Instrumentos renascentistas

Além de serem classificadas de acordo com o tamanho e a tessitura, as flautas podem ser categorizadas de acordo com o período histórico. No Capítulo 1, explicamos que a flauta doce foi se constituindo com o passar do tempo, aproximando-se de uma padronização. As flautas do Renascimento são um exemplo disso, pois, nesse período, teve início a padronização que culminou no período barroco. Na Renascença, a flauta doce começou a ser usada nas cortes europeias, estando presente nos grupos musicais com mais frequência do que as flautas transversais (Paoliello, 2007).

As flautas renascentistas são utilizadas para tocar o repertório de meados dos séculos XV e XVI e são cópias baseadas nos modelos históricos. Isso não significa que não possamos tocar esse repertório – ou de outros períodos históricos – com a flauta de resina: certamente, podemos tocar qualquer tipo de música. Contudo, para quem se dedica à *performance* de música antiga, esses instrumentos baseados em modelos históricos ajudam na técnica e na interpretação desse tipo de música.

Existem diferenças entre as flautas renascentistas, visto que diversos tamanhos e afinações eram utilizados nos *consorts*, os grupos característicos desse período. Entretanto, algumas particularidades são recorrentes: são flautas feitas em uma peça única, ou com menos partes; o canal e a janela são mais abertos; olhando pelo pé da flauta, percebemos que ela tem um tubo mais largo – se comparada com a barroca – e em formato cilíndrico, o que faz com que tenha mais volume de som, mesmo nos graves.

Além disso, os dois últimos orifícios – que nas flautas atuais são duplos – são simples. Para tocar esses semitons, seria necessário tampar metade do orifício. Como já vimos em outra passagem, essas flautas podiam ter um orifício duplo para o último dedo, para que o flautista decidisse qual das mãos utilizaria nas partes superior e inferior. A afinação das flautas renascentistas[8] também é diferente, e a nota Lá de referência (Lá 4) é em 466 Hz. Seu dedilhado conta com mais posições em forquilha.

Figura 5.7 – Flautas renascentistas

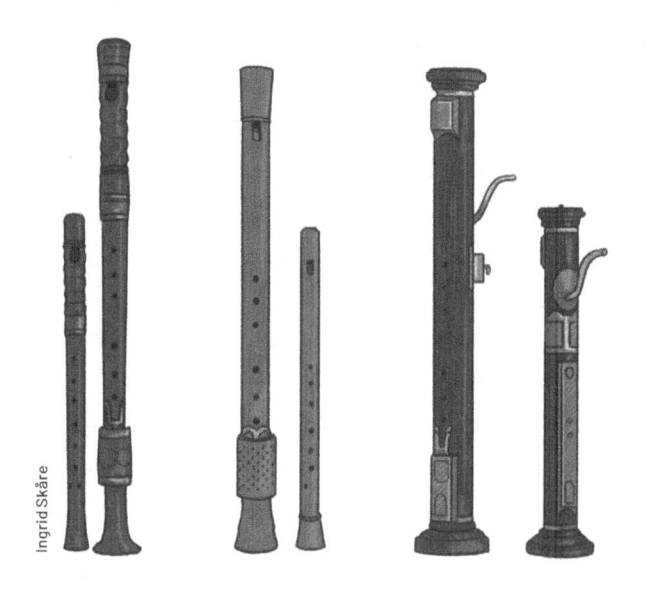

Ingrid Skåre

---

8   Escute o som da flauta renascentista em: JACOB Obrecht: Tandernaken. Performed on Renaissance Recorders. Voices of Music 4K. Disponível em: <https://www.youtube.com/watch?v=t1ewWKDuSfk>. Acesso em: 6 jul. 2022.

Indicação cultural

No Youtube, você encontra vídeos de *consorts* tocando com esse tipo de instrumento. Para ampliar sua busca, insira os termos em inglês *renaissance recorder* ("flauta renascentista", em português) para ouvir a música composta nesse período com a flauta doce.

No Musée de la Musique estão expostos instrumentos musicais de diversos períodos, incluindo as flautas renascentistas e barrocas. É possível fazer uma visita virtual ao museu e, por meio deste *link*, você confere especificamente as flautas da Renascença:

GOOGLE ARTS & CULTURE. **Musée de la Musique**. Disponível em: <https://artsandculture.google.com/exhibit/TAKiqDlFw98kJg?hl=en>. Acesso em: 6 jul. 2022.

Confira também as flautas do acervo do Metropolitan Museum of Art no seguinte *link*:

THE MET MUSEUM. **The Development of the Recorder**. Disponível em: <https://www.metmuseum.org/toah/hd/recd/hd_recd.htm>. Acesso em: 6 jul. 2022.

5.3 Instrumentos barrocos

O modelo barroco inspirou as flautas que encontramos atualmente nas lojas de música e consiste em uma adaptação moderna feita pelos ingleses a partir do modelo barroco histórico. Foi no período barroco que a flauta doce ganhou notoriedade como instrumento, destacando-se em obras solistas, concertos, sonatas e nos naipes das orquestras das óperas. A padronização e as melhorias na fabricação do instrumento permitiram o avanço técnico da flauta doce, algo que foi explorado pelos compositores de 1650-1700. Em comparação com a flauta renascentista, a flauta barroca produz menor volume sonoro e é formada por três partes. Seu tubo é cônico, ou seja, começa largo e vai se estreitando em direção à parte inferior. O dedilhado tem menos posições em forquilha, o que a torna mais simples, e sua extensão é maior em comparação com o modelo anterior (duas oitavas). A afinação das flautas barrocas[9] baseadas em modelos históricos é com o Lá4 em 415 Hz. A detalhada explicação a seguir apresenta as alterações realizadas na flauta doce no período barroco:

> Durante o século XVII a flauta doce foi completamente redesenhada para uso como instrumento solo. Antes feita em uma ou duas partes, era agora feita em três, o que permitiu fazê-la de uma forma mais acurada. Foi feita uma furação mais precisa do que a anterior e tinha assim uma escala cromática precisa de duas oitavas e finalmente se alcançava as duas oitavas e uma quinta. Era feita para produzir sons com boa intensidade, ter um tom cheio

...
9   Escute o som da flauta barroca em: TELEMANN: Fantasia No. 7 in F Major TWV 40:8, Hanneke van Proosdij, recorder 4K. Disponível em: <https://www.youtube.com/watch?v=Opisez5uQKY>. Acesso em: 6 jul. 2022.

e penetrante, e grande poder de expressividade. (Lander, 2000, citado por Paoliello, 2007, p. 11)

Figura 5.8 – Flautas barrocas

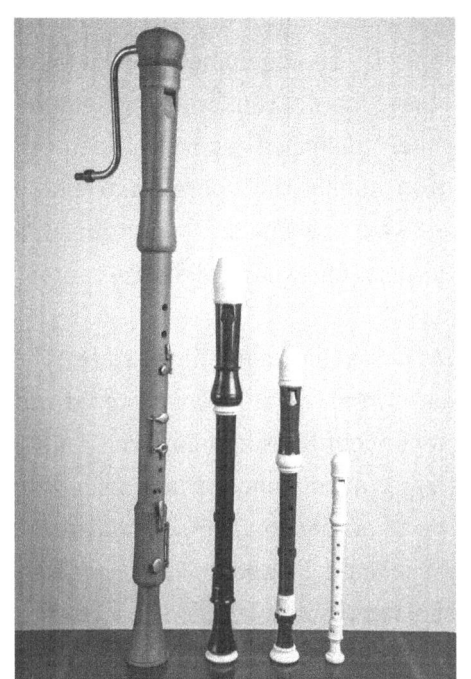

Mr. Tobin/Shutterstock

Indicação cultural

Telemann, Bach, Handel e Vivaldi foram alguns dos compositores que escreveram para flauta doce. No Youtube, busque pelos nomes dos compositores, acrescidos dos termos *baroque recorder* e desfrute da sonoridade e da estética dessa época.

5.4 Instrumentos modernos

Nos capítulos anteriores, vimos que a família da flauta doce é grande e varia em tipos, materiais e modelos. Até sua redescoberta, a partir do século XX, todas as flautas eram de madeira, feitas de modo artesanal por um *luthier*. Elas costumam ser flautas melhores do que as de resina, por isso mais apropriadas para estudos avançados e para a *performance*. Atualmente, é possível encomendar uma flauta de madeira para um construtor[10], porém seu custo é proporcionalmente maior, o que faz com que seja menos acessível. Além disso, essas flautas são mais sensíveis ao clima e requerem mais cuidados com a manutenção.

Por sua vez, as flautas de resina são feitas em fábrica, em série, e têm um preço acessível em razão de seu material e da forma de fabricação. Podem ser encontradas com facilidade em lojas de música. Outras vantagens são a resistência, a durabilidade e a facilidade na higienização e na manutenção. Diversas empresas fabricam esse tipo de flauta, e a maioria o disponibiliza nos tamanhos sopranino, soprano, contralto, tenor e baixo. Podem existir diferenças de timbre e afinação entre as flautas, por isso pesquise antes de adquirir a sua.

• • •

10 Caso tenha interesse e disponibilidade em adquirir um instrumento assim, recomendamos que busque a orientação de algum flautista experiente ou de um *luthier*, que será capaz de explicar detalhes sobre o modelo e tipo de madeira adequados ao seu propósito. Existem também flautas de madeira feitas em fábrica, em série. Podem custar menos do que as artesanais, mas, por serem importadas, estão sujeitas a taxas e à variação das moedas. São uma boa opção para quem busca um bom instrumento de madeira. Também nesse caso, indicamos procurar flautistas experientes que saibam dar informações sobre as empresas que comercializam esses modelos.

Uma das marcas que se consolidaram por oferecer instrumentos acessíveis e de qualidade é a Yamaha, que tem diversas linhas de flautas doces, incluindo as que imitam madeira e até mesmo as que são propriamente de madeira. Os modelos da Yamaha de cor escura têm, na maioria dos casos, mais qualidade do que os de cor clara, que são mais simples. Ressaltamos que o melhor é optar pelo dedilhado barroco. A seguir, veremos mais alguns tipos de flautas.

Figura 5.9 – Flautas quadradas Paetzold

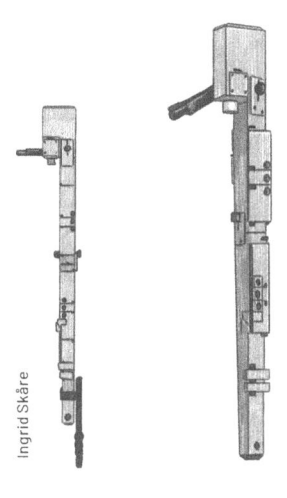

Ingrid Skåre

As flautas quadradas Paetzold foram desenvolvidas por uma família alemã com esse sobrenome. A intenção era encontrar uma forma de produzir flautas grandes – e graves – com um custo menor. Por volta dos anos 1970, elas começaram a ser utilizadas e divulgadas por meio de grupos de flauta doce. Seu formato e seu funcionamento se baseiam nos tubos do órgão, são mais leves do que os demais tipos de flauta baixo, e sua sonoridade tem mais volume, respondendo bem às articulações.

Os modelos de flautas quadradas – square recorders, em inglês – fabricados são a tenor (nota mais grave: Dó4), a baixo (nota mais grave: Fá3), a grande baixo (nota mais grave: Dó3), a contrabaixo (nota mais grave: Fá2), a subgrande baixo (nota mais grave: Dó2) e a subcontrabaixo (nota mais grave: Fá1). É bastante utilizada no repertório moderno e contemporâneo[11].

Figura 5.10 – Flauta eletrônica eCorder

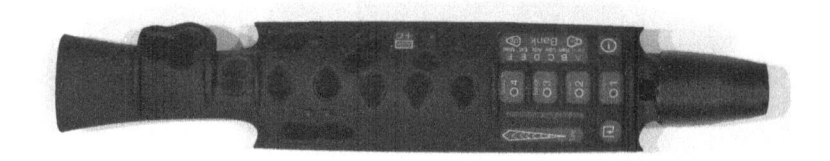

Imagem fornecida pela Cantux Research LLC

A flauta eletrônica eCorder foi desenvolvida por Michael Shonle e funciona apenas quando ligada à energia elétrica. Seu tamanho é próximo ao de uma soprano, porém mais larga. Não tem orifícios, mas tem os lugares específicos para encostar o dedo. Há opções para mudar o som para os outros tamanhos de flauta, incluindo as grandes flautas, bem como opções de transposição, dedilhado, temperamento, afinações e timbres diferentes[12].

...
11 Escute o som da flauta quadrada Paetzold acessando este *link*: GAME of Thrones - Quinta Essentia Quartet. Disponível em: <https://www.youtube.com/watch?v=Z5EpAGnhvqI>. Acesso em: 6 jul. 2022.
12 Escute o som da eCorder em: ECORDER demo! Team Recorder. Disponível em: <https://www.youtube.com/watch?v=AE0Lc7tneY8>. Acesso em: 6 jul. 2022.

Figura 5.11 – Flauta Aulos A204AF soprano

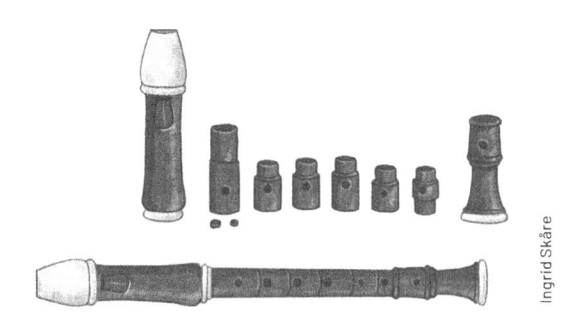

Ingrid Skåre

A flauta Aulos A204AF soprano pode ser considerada uma flauta inclusiva, pois se destina a pessoas que não tenham todos os dedos, ou que tenham algum problema que as impeça de utilizar algum ou alguns dos dedos. Ela é formada por vários encaixes, permitindo que a pessoa monte a flauta de acordo com sua necessidade.

Por fim, há um tipo de flauta desenvolvido pela *luthier* Adriana Breukink, que combinou os modelos renascentista e barroco: a flauta dos sonhos[13]. A *luthier* fez uma flauta com o tubo largo e cilíndrico, assim como as renascentistas, mas com dedilhado barroco e afinação moderna. O resultado é um instrumento com maior volume sonoro e com um dedilhado fixo, o dedilhado barroco. Esse tipo pode ser utilizado em grupos de flautas doces e com instrumentos modernos, em virtude de sua maior potência de som. Pode ser encontrado nos tamanhos soprano, contralto, tenor e baixo.

• • •
13 Escute a flauta dos sonhos em: ADRIANA Breukink Recorder Maker. Disponível em: <https://www.youtube.com/watch?v=fJqZQ0_MPew>. Acesso em: 6 jul. 2022. Nesse vídeo, ela fala sobre sua busca por um instrumento com um timbre específico. Esse é um dos poucos casos em que a instrumentista também é a construtora do instrumento. Perceba o cuidadoso processo de construção de uma flauta doce.

5.5 Cuidados com o instrumento

Todo instrumento requer cuidados antes, durante e depois do uso. Esses cuidados têm como objetivo a manutenção e a conservação do instrumento para que ele apresente condições de uso por bastante tempo. A flauta doce também exige cuidados, independentemente de seu preço ou do material de que é feita. Como ocorre com instrumentos de sopro, quando tocamos, a diferença entre a temperatura do ar do sopro e a temperatura do ar que está fora da flauta provoca a formação de gotículas de água em seu interior, em razão do processo de condensação. Isso ocasiona o entupimento da flauta e impede a boa produção de som.

Para desentupir a flauta, é necessário tampar o bico e assoprar pela janela, expulsando o excesso de umidade. Aquecer a flauta antes de tocar é outro recurso que diminui o entupimento: a flauta deve ser colocada embaixo do braço, com o bocal encostando no corpo.

O excesso de umidade é uma condição favorável para fungos e bactérias, por isso o cuidado com a limpeza e a manutenção é fundamental para todos os níveis de flautistas.

Quando se adquire um instrumento de madeira usado, é importante ter alguns cuidados específicos: é preciso conferir a condição geral da flauta, se está limpa e se há alguma parte danificada no bocal, nos encaixes ou nos orifícios. É essencial também verificar se há rachaduras – que podem aparecer em razão do ressecamento da madeira – e se as juntas se encaixam de maneira adequada. Convém sempre testar o instrumento e, se possível, buscar a avaliação de um *luthier* e de um flautista experiente.

As flautas novas de madeira requerem igualmente muitos cuidados, por isso é recomendado informar-se com um *luthier* sobre as especificidades envolvidas: a madeira, por ser um material orgânico e poroso, está sujeita a variações de acordo com o ambiente. Além disso, as flautas novas ou usadas de madeira precisam ser lubrificadas com óleo, um processo que exige cuidados especiais para que o instrumento não seja danificado. É indicado procurar orientações sobre esse assunto com *luthiers*.

A flauta de resina não necessita de óleo, pois seu material não é orgânico. No entanto, ela deve ser higienizada com certa frequência; uma flauta que não foi limpa começa a exalar um odor ruim. Para higienizar a flauta de resina, desmonte-a e coloque suas partes em uma bacia com água morna – o suficiente para cobrir a flauta – e algumas gotas de detergente neutro. Deixe a flauta de molho por cerca de meia hora e enxágue cada uma das partes sob água corrente em temperatura ambiente. Seque a flauta por dentro e por fora com um pano que não solte fiapos e deixe-a secar mais um pouco na sombra. Depois, utilize o creme que costuma acompanhar alguns modelos de flauta para lubrificar levemente as juntas; na ausência dele, pode ser usada uma camada muito fina de hidratante de lábios em bastão ou vaselina. Além disso, com todos os tipos de flauta doce e de quaisquer materiais, convém atentar para os seguintes cuidados:

- Limpe a flauta depois de tocar. Primeiro, retire o excesso de umidade assoprando pela janela e, depois, desmonte-a. Passe um pano macio, que não solte fiapos, por fora e por dentro da flauta. Até mesmo uma meia limpa e macia pode ser utilizada. Em alguns casos, além do creme para lubrificar, costuma acompanhar a flauta uma vareta que ajuda a limpá-la por dentro. Não utilize nenhum objeto pontiagudo, porque isso pode danificar de modo irreversível o instrumento.

Figura 5.12 – Vareta para limpeza e creme de lubrificação

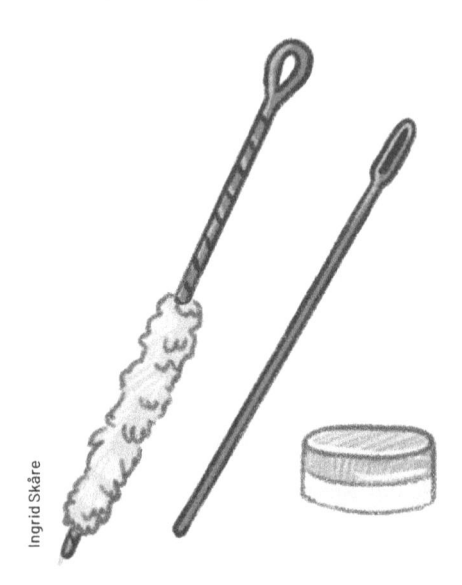

Ingrid Skåre

- Se as juntas estiverem difíceis de girar, primeiro, limpe-as com um pano e, depois, lubrifique-as. Alguns modelos de flauta dispõem de protetores de plástico para proteger as juntas.
- Acondicione a flauta no estojo, com atenção aos encaixes, e guarde-o em um lugar longe do sol.
- Batom, restos de comida na boca e unha do polegar esquerdo comprida podem causar, respectivamente, manchas no bocal, entupimento e danos no orifício 0. Antes de tocar, lave as mãos e oriente seus alunos para que sigam esse hábito.
- Não deixe a flauta deitada sobre superfícies sem proteção, pois ela pode rolar e cair no chão. Mesmo danos pequenos podem danificar o instrumento, inutilizando-o.

Síntese

A flauta doce é uma extensa família que continua sendo explorada e pesquisada por construtores e músicos. O flautista tem certa diversidade de escolhas que lhe possibilita adquirir uma cópia de uma flauta renascentista ou barroca, uma de resina com preço acessível e até mesmo uma flauta eletrônica, com outras sonoridades.

As diferentes flautas são um convite ao instrumentista, que pode tocar diferentes repertórios e descobrir novas e antigas formas de se expressar com a flauta doce. Independentemente do modelo utilizado, são necessários cuidados específicos na conservação, manutenção e higienização da flauta.

Atividades de autoavaliação

1. Avalie as afirmativas a seguir e indique V para as verdadeiras e F para as falsas.
   ( ) A família da flauta doce é formada, exclusivamente, pelos tamanhos sopranino, soprano, contralto, tenor e baixo.
   ( ) O flautista deve escolher apenas um dos tamanhos para aperfeiçoar-se.
   ( ) O quinteto de flautas utilizado com frequência, ordenado da mais aguda para a mais grave, é sopranino, soprano, contralto, tenor e baixo.
   ( ) As flautas tenor e baixo têm chaves para cobrir os orifícios
   ( ) A flauta sopranino é utilizada para acrescentar destaque e brilho a um grupo, por isso não foram compostas peças para ela.

Agora, assinale a alternativa que apresenta a sequência correta:

a) F, V, V, V, V.
b) V, F, V, V, F.
c) F, F, V, V, F.
d) F, F, V, V, V.
e) V, F, F, V, F.

2. Sobre a flauta doce no período do Renascimento, é correto afirmar:

    a) A padronização na construção das flautas culminou no período renascentista.
    b) No Renascimento, a flauta doce era um instrumento utilizado ocasionalmente em contextos populares.
    c) Atualmente, as flautas renascentistas usadas para tocar o repertório dos séculos XV e XVI costumam ser instrumentos originais da época.
    d) Nos *consorts* renascentistas, eram utilizadas flautas de tamanhos e afinações diferentes.
    e) Um menor volume sonoro na região grave caracteriza as flautas renascentistas.

3. Avalie as afirmativas a seguir e indique V para as verdadeiras e F para as falsas.
    ( ) A flauta do período barroco foi o modelo que inspirou as flautas utilizadas atualmente.
    ( ) A flauta doce era pouco usada no período barroco em razão das limitações de sua construção.
    ( ) A notoriedade da flauta doce como instrumento solista ocorreu durante o barroco.

( ) A flauta barroca oferece maior volume sonoro em comparação com a flauta do Renascimento.
( ) As melhorias no instrumento propiciaram o avanço técnico na flauta doce.

Agora, assinale a alternativa que apresenta a sequência correta:

a) F, V, F, F, V.
b) F, F, V, V, V.
c) V, V, F, V, V.
d) V, F, F, V, V.
e) V, F, V, V, V.

4. Considerando-se as características da família da flauta doce, é correto afirmar:

a) São diversos os instrumentos que formam a família da flauta doce e existem variações de tipos, materiais e modelos de flauta.

b) As flautas doces sempre foram feitas em resina e produzidas em série nas fábricas especializadas.

c) As flautas de madeira podem ser encomendadas a um custo inferior em comparação com as flautas de resina.

d) A pessoa com algum problema nas mãos ou nos dedos não pode tocar flauta doce, visto que não existem instrumentos adequados para esses casos.

e) As flautas de resina, apesar do custo acessível, costumam apresentar problemas de resistência, conservação e higienização.

5. Avalie as afirmativas a seguir e indique V para as verdadeiras e F para as falsas.

( ) A flauta de resina não requer cuidados, pois é um instrumento simples.

( ) A condensação do ar no tubo é normal nos instrumentos de sopro, por isso não afeta a produção de som.

( ) Para desentupir a flauta, deve-se tampar o bico e assoprar pela janela.

( ) Colocar a flauta embaixo do braço é uma forma de fazer com que a flauta entupa menos.

( ) Depois de tocar, é necessário limpar a flauta e lubrificar as juntas.

Agora, assinale a alternativa que apresenta a sequência correta:

a) F, F, F, F, V.
b) F, F, F, V, V.
c) F, V, F, V, V.
d) V, V, F, V, V.
e) V, F, F, F, V.

Atividades de aprendizagem

Questões para reflexão

1. Considerando-se a variedade de instrumentos que formam a família da flauta doce, por que o tamanho soprano é o mais conhecido e utilizado?

2. A sonoridade das diversas flautas varia de acordo com fatores diversos. Liste alguns deles.

Atividades aplicadas: prática

1. Selecione vídeos de flautas de tamanhos e modelos variados e apresente-as a seus alunos, estimulando discussões sobre a postura, a sonoridade, o timbre e o modelo dos diferentes instrumentos. Crie um roteiro de apreciação, com perguntas que estimulem a reflexão crítica e a percepção auditiva dos estudantes.

2. Elabore uma lista de cuidados com a flauta com orientações para o uso e a conservação do instrumento. Retome esses cuidados com frequência com os alunos.

Capítulo 6
REPERTÓRIO

A música para flauta doce é a protagonista deste capítulo, pois analisaremos o repertório do instrumento, seus agrupamentos, seus contextos, suas práticas e suas características. Além da apreciação musical apresentada, vamos disponibilizar alguns repertórios para contribuir para a melhora da *performance* do flautista, com peças de níveis diferentes, que podem ser tocadas no andamento que for mais confortável para cada um.

Iniciaremos com as três fases da música para flauta doce e indicaremos duas peças que privilegiam a melodia com acompanhamento. Seguiremos com a importante forma composicional do quarteto, sugerida para a prática com outros flautistas.

Na sequência, enfocaremos a música solista destacando composições que exploram o potencial virtuoso da flauta solo. Vamos apontar, também, algumas peças curtas de melodias características.

Por fim, antes de tratarmos da sistematização do estudo do repertório, apresentaremos novas sonoridades e conceitos da música contemporânea, em uma abordagem na qual você será o intérprete de uma peça que exigirá sua contribuição na composição.

6.1 Duetos

Como vimos ao longo deste livro, o repertório para flauta doce é amplo: abrange a música dos agrupamentos de flautas, um repertório solista expressivo e virtuoso e a exploração de novas técnicas e estéticas no século XX.

Nesse último período, a flauta popularizou-se e foram incluídas em seu repertório as canções folclóricas brasileiras, do mundo e até mesmo o *pop* e o *rock*. Em outras palavras, o flautista pode tocar uma ampla variedade de gêneros. Assim, as adaptações, as transcrições e os arranjos são uma prática comum também entre os flautistas e que deve ser incentivada, visto que o repertório original para a flauta doce é constituído apenas pela música antiga e pela música contemporânea (Poitier, 2011, citado por Weichselbaum; Pereira, 2019, p. 38).

Historicamente, é possível distinguir três fases da música para flauta doce: a primeira se estende até 1650; a segunda vai de 1650 até o final do século XVIII; a terceira, que corresponde ao período atual, é demarcada a partir de seu redescobrimento (Hunt, 1948).

Na primeira fase, as diferentes flautas eram utilizadas na prática dos *consorts*, cujo repertório para o instrumento concentrava-se, na maioria dos casos, nos arranjos da música vocal polifônica (Tettamanti, 2010).

Na fase barroca, a flauta foi reconhecida por seu potencial solístico, motivo pelo qual sua música abrangeu solos, duos, trios, quartetos, concertos, sonatas e foi incluída em orquestras instrumentais e de óperas.

A estética moderna e contemporânea trouxe para o repertório composições que exploram diferentes técnicas, sonoridades e tipos de notação. Atualmente, segundo Castelo (2018, p. 98),

> a flauta doce transita entre o repertório da música antiga e o da música contemporânea, fato que determinou a organização de sua técnica em dois eixos principais: o da técnica tradicional (aquela contida em tratados históricos) e o das TE [técnicas estendidas] (recursos desenvolvidos a partir da década de 1960).

Com a popularização da flauta na educação musical, houve também a pesquisa de composições e arranjos que se destinam a iniciantes, e diversos métodos e publicações foram desenvolvidos para esse público.

Sozinha, em grupos de flauta ou integrada com outros instrumentos, a flauta tem um repertório amplo e variado. Por esse motivo, é válido utilizar músicas de diferentes períodos, ampliando a vivência relacionada ao instrumento. Pesquise, crie, faça arranjos ou composições e estimule seus alunos a fazer o mesmo.

Com os alunos, evite tocar em uníssono e prefira tocar, ao menos, em duetos, que contribuem para o desenvolvimento musical do aprendiz. Para fazer a segunda voz, você pode utilizar a mesma flauta, outro tamanho de flauta ou também outro instrumento. Se tiver uma flauta contralto, experimente utilizá-la para acompanhar a soprano e verifique como o repertório pode ser enriquecido.

A seguir, apresentamos sugestões de peças para duas vozes: um cânone e um dueto para duas sopranos.

Partitura 6.1 – *Cânone*, de Thomas Tallis (1505-1585)

Partitura 6.2 – *Bransle*, de Claude Gervaise (1524-1583)

> **Fique atento!**
>
> Marque as respirações e as articulações que vão ser utilizadas.

6.2 Quartetos

Quarteto é o nome utilizado para designar uma composição escrita para quatro partes de vozes ou de instrumentos, que se originou nos madrigais do século XVI. O quarteto é uma formação utilizada na música de câmara e em diversas configurações: existem quartetos vocais, de metais, madeiras e de cordas, o mais conhecido. Ele funciona como uma orquestra reduzida, em que os instrumentos cumprem suas funções melódica e harmônica.

Em geral, os quartetos são compostos por instrumentos da mesma família, o que lhes confere uma sonoridade característica e notoriedade entre os compositores. De acordo com Fournier (citado por Reis; De Biaggi, 2018, p. 1), o quarteto "é considerado pelos compositores um gênero propício à experimentação e inovação de diferentes linguagens, possibilitando um diálogo instrumental equilibrado, unidade de timbres ou sutileza de nuances".

Recomendamos que, ao realizar os arranjos, você conheça a tessitura e a técnica das flautas. Dessa forma, a escrita será mantida no domínio idiomático do instrumento e o arranjo será funcional. As regras para esse tipo de escrita podem ser encontradas em publicações específicas da área de arranjo. A seguir, apresentamos sugestões de peças arranjadas para quarteto de flautas (soprano, contralto, tenor e baixo).

Indicação cultural

Existem diversos grupos que se dedicam à *performance* artística da flauta doce, aliando a pesquisa com a prática do instrumento. Um desses grupos é o brasileiro Quinta Essentia. Esse quarteto é um importante grupo de câmara que atua na divulgação da música com a flauta doce em âmbito nacional e internacional. Confira o *site* do grupo:

QUINTA ESSENTIA. Disponível em: <https://quintaessentia.com.br/>. Acesso em: 6 jul. 2022.

O Duo Colibri é formado pela flautista brasileira Daniele Cruz Barros e pela francesa Laurence Pottier. As flautistas promovem um encontro entre as sonoridades francesa e brasileira, desenvolvendo projetos dentro e fora do Brasil. Faça uma busca nas plataformas de *streaming* ou no Youtube para acessar materiais desses dois grupos que se dedicam à *performance* da flauta doce.

Partitura 6.3 – *Greensleeves*, arranjo de Bernard Dewagtere

Greensleeves
Alas, my love

Anonymus (16th century)
Arr. : Bernard Dewagtere

Fonte: Greensleeves..., séc. XVI.

6.3 Solos

De acordo com o que vimos até este ponto, responda: Em qual período a flauta doce se desenvolveu como instrumento solista? Se você pensou no barroco, acertou! Foram os compositores dessa época que escreveram peças em que a flauta doce faz o solo enquanto outros instrumentos a acompanham. Escute algumas dessas importantes obras nos *links* indicados a seguir.

- Concerto para flauta doce de Vivaldi:

ANTONIO Vivaldi: Recorder Concerto c-minor RV441 (Michala Petri & Concerto Copenhagen). Disponível em: <https://www.youtube.com/watch?v=_X6GJWrZDtE>. Acesso em: 6 jul. 2022.

Antonio Vivaldi é um importante compositor italiano do período barroco que viveu entre 1678-1741. Entre seus inúmeros trabalhos estão concertos, sonatas e óperas. Sua obra mais conhecida é *As quatro estações*. Seus concertos para flauta exploram o virtuosismo do instrumento, e esse concerto que indicamos é considerado o mais desafiador de todo o repertório do período barroco. Perceba os saltos da melodia e a complexidade das passagens rápidas.

- Concerto para flauta doce de Vivaldi:

VIVALDI: Concerto per Flautino/Piccolo/Recorder RV 443. Elcurarojo – Alberto Domínguez Gálvez. Disponível em: <https://www.youtube.com/watch?v=GO7inO64n7Q>. Acesso em: 6 jul. 2022.

Vivaldi compôs dois concertos para as flautas agudas, que podem ser executados na flauta sopranino. Note a maestria e a expressividade com a qual Vivaldi explora seu som brilhante, em diálogo com a orquestra.

- Concerto para flauta doce de Sammartini:

SAMMARTINI Concerto for Recorder & Strings in F-Major (Michala Petri and Concerto Copenhagen). Disponível em: <https://www.youtube.com/watch?v=brbHM7GkM00>. Acesso em: 6 jul. 2022.

Contemporâneo de Bach, o compositor italiano Giovanni Battista Sammartini (1695-1750) escreveu concertos e sonatas que fazem parte do repertório de músicos de diversos instrumentos, o que inclui a flauta doce. Acredita-se que, pelo fato de tocar oboé, ele possivelmente também tocava flauta doce. Entre seus trabalhos estão 24 sonatas para flauta e 30 trios com flauta. Perceba, no segundo movimento, como Samartini explora a expressividade dos fraseados da flauta doce.

- Concerto para flauta doce e traverso de Telemann:

G.PH. TELEMANN: Concerto for Traverso and Recorder in E minor, TWV 52:e1 – Bremer Barockorchester. Disponível em: <https://www.youtube.com/watch?v=2D-y2kJU0Ig>. Acesso em: 6 jul. 2022.

O alemão Georg Philipp Telemann (1681-1767) foi um compositor do período barroco que contribuiu para elevar o *status* da flauta doce ao evidenciar a expressividade e o refinamento técnico do instrumento. Nesse concerto, é possível apreciar o contraste entre os timbres de dois diferentes instrumentos aerófonos do período, a flauta doce contralto e o traverso.

- Sonata para flauta doce e baixo contínuo de Telemann:

G.PH. TELEMANN – Sonata in C Major for Recorder and Basso Continuo, TWV 41:C2. Disponível em: <https://www.youtube.com/watch?v=unMqmTsbDTk>. Acesso em: 6 jul. 2022.

Essa sonata tem uma formação característica da música de câmara do período, na qual a flauta doce solista é apoiada por instrumentos que realizam o baixo contínuo, uma forma de acompanhamento dos instrumentos que fazem o solo. Nessa gravação, é possível apreciar o timbre característico de alguns instrumentos de época, como o cravo, o violoncelo barroco e a teorba.

Existem também obras escritas para flauta doce solo – e não solista –, ou seja, sem acompanhamento, como as indicadas a seguir.

- Fantasias para flauta de Telemann:

TELEMANN: Fantasia No. 7 in F Major TWV 40:8, Hanneke van Proosdij, Recorder 4K. Disponível em: <https://www.youtube.com/watch?v=Opisez5uQKY>. Acesso em: 6 jul. 2022.

Telemann se utiliza de todo o potencial técnico e expressivo da flauta. Especialmente no começo, perceba as frases de andamento moderado e os contrastes entre as regiões grave e aguda do instrumento.

- *O rouxinol inglês*, de Van Eyck:

JACOB van Eyck: Engels Nachtegaeltje (the English Nightingale); Saskia Coolen, Recorder. Disponível em: <https://www.youtube.com/watch?v=ZvDb5EmhfZI>. Acesso em: 6 jul. 2022.

O compositor alemão Jacob van Eyck (1590-1657) é o autor de um método de flauta doce e também de outras peças para o instrumento. A imitação do som dos pássaros é explorada nessa peça por meio do vibrato, dos trêmulos e dos trinados.

- *Austro*, de Giorgio Tedde:

SUSANNE Fröhlich: Giorgio Tedde – Austro (1991). Disponível em: <https://www.youtube.com/watch?v=1Iv7djI6i2U>. Acesso em: 6 jul. 2022.

O compositor italiano Giorgio Tedde (1958) é professor de composição e de acústica. Seus estudos de física e de música eletrônica são influências presentes nessa obra para flauta doce, que é inspirada no instrumento australiano *didgeridoo*. Nessa peça, o intérprete utiliza-se da técnica de respiração chamada *respiração circular*, na qual exala o ar pela boca ao mesmo tempo que inala o ar pelo nariz.

O repertório que indicaremos a seguir pode ser utilizado na iniciação instrumental por serem melodias facilmente reconhecíveis. É possível incluir um instrumento harmônico ou de percussão para compor um arranjo.

Partitura 6.4 – Tema da 9ª sinfonia de Beethoven

Partitura 6.5 – *Pirulito que bate bate* – canção folclórica brasileira

Partitura 6.6 – *Parabéns a você*

Partitura 6.7 – *Ó abre alas*, de Chiquinha Gonzaga

6.4 A música dos séculos XX e XXI

Pense por um instante: Com relação ao seu instrumento principal, você conhece as composições feitas a partir do século XX até hoje? Já tocou alguma delas, assistiu a algum concerto ou tem o costume de ouvir gravações e ver vídeos referentes a esse repertório? Costuma utilizá-los com seus alunos? Quais características chamam sua atenção nessas composições?

No início da redescoberta da flauta doce, no começo do século XX, o repertório pesquisado e praticado era, sobretudo, o da música antiga. A partir de meados da década de 1960, outras manifestações sonoras passaram a ser valorizadas, o que estimulou a criação de novas composições para o instrumento.

A exploração de timbres, grafias e técnicas estendidas ampliou a forma de compositores e intérpretes pensarem a flauta doce:

> Esse repertório, de linguagem moderna (O'kelly, 1990), inclui as novas possibilidades sonoras e efeitos descobertos. Assim, as várias possibilidades de sopro, a facilidade de entoação dos quartos de tom, a riqueza na produção de harmônicos, glissandi,

multifônicos, semelhanças com sons eletrônicos, possibilidade de manipulação do canal, o ruído branco, os inúmeros dedilhados alternativos e a existência de uma família de instrumentos, foram vistos pelos compositores como vantagens da flauta doce para a música contemporânea. (Callegari, 2015, p. 16)

Assista a algumas *performances* de música contemporânea para flauta doce acessando os *links* indicados a seguir.

- *Meditation*, de Ryohei Hirose – *link* com a partitura:

RYOHEI Hirose: Meditation (1975). Disponível em: <https://www.youtube.com/watch?v=sbqFk07DPtE>. Acesso em: 6 jul. 2022.

- *Meditation*, de Ryohei Hirose – *link* com a *performance*:

RYOHEI Hirose "Meditation" – Giulia Breschi. Disponível em: <https://www.youtube.com/watch?v=BZPJuK7xy5k>. Acesso em: 6 jul. 2022.

Nessa obra, Ryohei Hirose (1930-2008) utiliza os dedilhados alternativos como um recurso para a execução das dinâmicas. A sonoridade da flauta doce contralto é influenciada pela flauta japonesa *shakuhachi*.

- *Tic*, de Anthony Leigh Dunstan:

SARAH Jeffery – 'Tic' by Anthony Leigh Dunstan. Disponível em: <https://www.youtube.com/watch?v=pC7TSM3oeN4>. Acesso em: 6 jul. 2022.

Anthony Leigh Dunstan (1982) é um compositor e escritor australiano/holandês que utiliza a flauta Paetzold e todas as suas possibilidades sonoras junto a intervenções eletrônicas.

Como já destacamos, a partir de meados dos anos 1930, a flauta começou a ser utilizada nos ambientes escolares como um instrumento de iniciação musical. Nesse contexto, métodos e repertórios específicos passaram a ser desenvolvidos para esse aprendizado. Com mais pessoas tendo acesso à flauta doce, as editoras perceberam que poderiam publicar músicas dos gêneros *pop* e *rock*, temas de filmes, entre outros, também para a flauta. As canções folclóricas brasileiras, do mundo e da mídia compreendem outro tipo de repertório possível para a flauta. Aproveite as indicações apresentadas a seguir.

- *Jazz*:

SING, Sing, Sing. Disponível em: <https://www.youtube.com/watch?v=NAu-0-0NUuc>. Acesso em: 6 jul. 2022.

Esse clássico do *jazz* tem seu fraseado e ritmo valorizados nesse arranjo para um quinteto de flautas doce.

- Música brasileira:

ROSA – Pixinguinha na flauta doce. Quinta Essentia Quarteto de Flauta Doce. Recorder. Disponível em: <https://www.youtube.com/watch?v=QkkLZqYChAc>. Acesso em: 6 jul. 2022.

O fraseado e o virtuosismo do choro podem ser apreciados nessa gravação com flauta doce, reforçando as possibilidades do instrumento na interpretação da música brasileira.

- Música de jogo:

SOUNDTRACK – Sonic The Hedgehog – for Recorder Quartet – by Orlan Charles. Disponível em: <https://www.youtube.com/watch?v=M4w5oyEnZW8&list=RDWyzAJu4UKfA&index=7>. Acesso em: 6 jul. 2022.

A música dos *games* é um repertório que pode gerar engajamento por parte dos flautistas jovens, principalmente por meio da apreciação de arranjos elaborados como esse.

Agora, chegou a sua vez de se aventurar por outras sonoridades! Vamos fazer uma experiência musical utilizando as técnicas estendidas e a grafia analógica, dois importantes aspectos da música contemporânea.

Você analisará os sinais gráficos a seguir (Figura 6.1) e, para cada um deles, atribuirá uma sonoridade da flauta. Essa é uma forma de escrita não convencional do som, o que significa que você é quem deve estabelecer a relação entre a representação e o som.

Explore e pesquise: diferentes tipos de sopros, em diferentes lugares da flauta, sons com a boca, articulações, uso da voz e de objetos, efeitos percussivos, entre tantas outras possibilidades que você pode criar. Depois de escolher e relacionar os sons com os sinais gráficos, explique-os em uma bula que o ajudará a executar a peça. Toque e grave-se, depois, se puder, ofereça a mesma partitura para outra pessoa tocar, a fim de perceber as diferenças na interpretação. Divirta-se!

Importante!

A utilização das técnicas estendidas pode contribuir para a compreensão da música contemporânea por parte dos alunos, que poderão reconhecer essas sonoridades características a partir da própria exploração.

Figura 6.1 – Partitura analógica

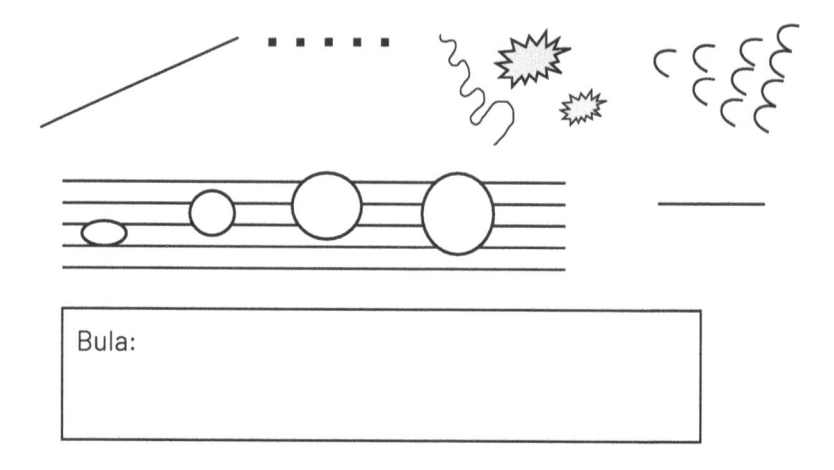

Bula:

6.5 Estratégias de treino do repertório

A música para a flauta doce é vasta e diversa, bem como seus contextos de ensino e de prática. Relacionamos, a seguir, algumas estratégias de treino do repertório que podem ajudar na prática e nas aulas.

- Na primeira vez que for tocar o repertório, observe a tonalidade, o compasso, o ritmo, a articulação musical, os sinas de repetição, os ornamentos, o estilo e o período. Veja se há algum dedilhado que você não lembra e já o anote na partitura.
- Toque uma escala no tom da música, bem como o arpejo. Retire da partitura alguma célula rítmica para tocar a escala, utilizando diferentes combinações de articulações.

- Identifique as frases musicais e anote as respirações de acordo com elas. Depois que já tiver tocado, avalie se essas respirações foram adequadas.
- Pense na articulação que utilizará e anote as consoantes escolhidas em cima das respectivas notas. Faça anotações sempre a lápis, pois podem ser mudadas e corrigidas.
- Toque uma vez toda a peça e identifique os trechos fáceis, médios e difíceis.
- Localize suas dificuldades; se for o ritmo, por exemplo, treine-o em separado. Crie estratégias de treino específicas para problemas específicos.
- Toque, agora, por frases, buscando a fluência e o domínio de cada uma delas. Se ainda estiver difícil, divida por semifrases.
- Grave-se e perceba como está sua afinação, seu fluxo de ar e sua articulação.
- Se estiver errando muito um trecho, evite voltar do começo: treine o trecho em separado e inicie alguns compassos antes dele.
- Toque sempre com concentração e ouvido atento.

Síntese

O repertório para a flauta doce é extenso e diverso, compreendendo composições específicas para o instrumento e arranjos, adaptações e transcrições de vários gêneros.

Esse repertório continua a se ampliar e transformar, tornando a flauta doce um instrumento vivo, que se renova a partir de seus usos. A música em conjunto é característica da flauta doce, sendo um atributo que pode ser explorado nos contextos de ensino.

O professor pode contribuir com a difusão de seu potencial artístico, promovendo a apreciação musical de gêneros diversos e reforçando a diversidade desse instrumento. Ao estudar o repertório, desenvolva estratégias de prática específicas para otimizar seu treino. Pesquise, envolva-se e consuma a música para a flauta doce.

Atividades de autoavaliação

1. Com base nas considerações sobre os contextos, as práticas e os repertórios relacionados à flauta doce, é correto afirmar:

    a) A flauta doce é um instrumento cujo repertório concentra-se na música clássica.

    b) Por ser muito utilizada nas aulas de música na escola, a música para flauta doce concentra-se no repertório folclórico brasileiro.

    c) As limitações técnicas do instrumento tornam restritas as possibilidades de tocar diferentes repertórios.

    d) A música para flauta doce resume-se às composições dos períodos renascentista e barroco, pois, após esses períodos, o instrumento entrou em desuso.

    e) É possível tocar um repertório diverso para flauta doce, tanto com relação aos agrupamentos quanto com relação aos diferentes estilos e períodos, incluindo a música contemporânea.

2. Analise as assertivas sobre as três fases históricas da música para flauta doce e indique V para as verdadeiras e F para as falsas.

( ) Do ponto de vista histórico, podemos situar a primeira fase até 1650; a segunda fase entre 1650 e o final do século XVIII; e a terceira desde meados do século XX até atualidade.

( ) A primeira fase é caracterizada pelos *consorts* renascentistas, agrupamentos nos quais eram utilizados diferentes tipos de flauta que executavam arranjos da música vocal polifônica.

( ) A segunda fase é a do período barroco, no qual a música para a flauta não sofreu aprimoramentos, permanecendo estagnada.

( ) Na terceira fase, há a redescoberta da flauta, quando se observam o resgate de repertórios da música antiga e a ampliação de seus usos em diferentes estilos e em composições próprias da música contemporânea.

( ) Na estética da música contemporânea, são utilizados os recursos técnicos tradicionais do instrumento, bem como a grafia tradicional como forma de notação.

Agora, assinale a alternativa que apresenta a sequência correta:

a) F, V, V, V, V.
b) F, F, F, V, V.
c) V, V, F, F, F.
d) V, F, F, V, F.
e) V, V, F, V, F.

3. Com a popularização da flauta doce, motivada pelo seu uso na educação musical, é correto afirmar sobre o impacto no repertório para o instrumento:
   a) Não houve impacto, pois foram mantidos os repertórios da música renascentista e barroca como referências exclusivas.
   b) Não houve impacto, pois, na educação musical, é priorizado o uso de melodias folclóricas por serem mais acessíveis aos iniciantes.
   c) Houve impacto em certa medida, pois o repertório tradicional foi mantido, sendo incluídas as composições da música contemporânea.
   d) Houve impacto no sentido de que ocorreu uma ampliação quanto a seus usos e suas possibilidades, incluindo a música contemporânea, os arranjos de diferentes estilos musicais e a publicação de diversos métodos.
   e) Houve impacto em razão do fato de que foi necessário compor novos repertórios específicos para o instrumento.

4. Analise as afirmações a seguir sobre a prática do repertório como um importante aspecto na formação do flautista e indique V para as verdadeiras e F para as falsas.
   ( ) O uso de estratégias específicas para o treino do repertório tem a função de contribuir tanto na própria prática quanto no ensino de flauta.
   ( ) Ao se encontrar alguma dificuldade, é importante voltar a tocar sempre desde o começo da peça, independentemente da localização do trecho difícil.
   ( ) As articulações e respirações utilizadas devem ser registradas a lápis, pois, dessa forma, é possível realizar eventuais alterações que se mostrem necessárias.

( ) Uma preparação inicial consiste em tocar uma escala e o arpejo na mesma tonalidade da peça.

( ) Anotar onde devem ocorrer as respirações é opcional, pois se deve retomar o ar sempre que for necessário, independentemente do fraseado.

Agora, assinale a alternativa que apresenta a sequência correta:

a) F, V, F, V, V.
b) V, V, F, F, V.
c) V, F, F, V, V.
d) F, V, V, F, F.
e) V, F, V, V, F.

5. A flauta doce é um instrumento vivo, que continua a se adaptar aos diversos contextos nos quais se insere. Sobre o tema, é correto afirmar:

a) O repertório para o instrumento é extenso e diverso, incluindo músicas solo, em duetos, quartetos e outras formações.

b) Uma das características da flauta doce é ser um instrumento utilizado com frequência para tocar em conjunto, em agrupamentos de flautas ou com outros instrumentos.

c) Na prática docente, o professor deve evitar tocar em uníssono com os alunos. Ele deve fazer uma segunda voz como acompanhamento e, se possível, utilizar uma flauta de outro tamanho, enriquecendo o resultado.

d) O professor de flauta exerce sua contribuição ao divulgar a flauta doce como um instrumento artístico.

e) Todas as afirmações estão corretas.

Atividades de aprendizagem

Questões para reflexão

1. Pesquise e ouça composições escritas especificamente para a flauta doce. O que você pode perceber sobre essas peças?

2. Com relação ao repertório contemporâneo para flauta doce, o que pode ser feito para ampliar sua difusão entre o público?

Atividades aplicadas: prática

1. Elabore uma coletânea de diferentes tipos de repertório para tocar, contemplando diversos períodos, desde a música medieval até o *pop*, e experimente com os alunos a versatilidade da flauta doce. Inclua nessa coletânea as composições dos estudantes também.

2. Faça uma pesquisa na internet ou com colegas flautistas sobre métodos de flauta doce e siga montando seu acervo. Perceba as características de cada publicação, o tipo de repertório e as estratégias utilizadas.

   A flauta é propícia para a prática em conjunto, então você não precisa tocar sempre em uníssono: use diferentes vozes e instrumentos, incluindo os harmônicos e de percussão. A flauta não ficou "congelada" no século XVII; desse modo, considere a prática da música contemporânea com os alunos, criando sinais, sons e *performances* criativas e expressivas.

CONSIDERAÇÕES FINAIS

Uma jornada que teve início nos primórdios da humanidade e que chegou até a contemporaneidade foi o percurso considerado para abordarmos a flauta doce neste livro. A reflexão, a prática e o conhecimento teórico relativos ao instrumento foram articulados com a perspectiva do aprimoramento do leitor como flautista e professor de flauta doce.

A valorização da flauta doce passa, necessariamente, pela ampliação do conhecimento sobre ela, sendo o papel do professor de flauta, portanto, central nesse processo. Um instrumento acessível dos pontos de vista financeiro e de execução, com um percurso histórico conceituado, rico em possibilidades educacionais, expressivas e performáticas exige de nós, flautistas professores, a criação de oportunidades para que a prática, o ensino e a aprendizagem da flauta ocorram sempre de modo a valorizar seu potencial musical.

Com o objetivo de situar e contextualizar a flauta doce, enfocamos sua origem, suas diferentes nomenclaturas e suas características, destacando questões reflexivas sobre as visões e os usos relacionados ao instrumento.

Direcionando os conhecimentos para a perspectiva prática, abordamos os primeiros aspectos técnicos, referentes à relação entre o corpo e o instrumento, importante para a prática de qualquer instrumento musical. Os fundamentos da postura corporal foram trabalhados por meio da análise da posição das mãos, dos braços e dedos, da relação dos lábios com o eixo de equilíbrio e do uso dos polegares e do apoio. Também reforçamos a necessidade dos alongamentos e da consciência corporal com a finalidade de evitar lesões e otimizar a prática.

A abordagem dos aspectos técnicos levou nossa atenção para um elemento indissociável de um instrumento aerófono: o uso do ar. A respiração, a emissão e a afinação foram trabalhadas por meio de exercícios práticos, buscando-se desenvolver o controle do ar necessário para a boa produção de som na flauta. As posições dos dedos nas flautas de modelo histórico e na flauta moderna, a extensão e o uso do polegar esquerdo complementaram o assunto, estruturando o conhecimento básico sobre a produção de som.

Além de construir uma boa postura corporal e de dominar a produção de som por meio do correto uso do ar e do dedilhado, outro ponto igualmente relevante e indispensável é a articulação. A compreensão da flauta como um instrumento rico em possibilidades expressivas exige o domínio do uso das diferentes articulações, o que procuramos explicar por meio de exercícios práticos. Nesse sentido, apresentamos ideias iniciais e provocações sobre a dinâmica e o vibrato – temas nem sempre contemplados nos métodos –, bem como orientações para estruturar a prática.

Na sequência, traçamos um panorama sobre a diversidade de instrumentos que compõem a família da flauta doce, enfatizando o convite para, sempre que possível, o flautista experimentar diferentes tamanhos de flauta, pois essa possibilidade, característica do instrumento, é um de seus atributos. Ainda, reunimos informações e orientações sobre os cuidados necessários que devem ser tomados com qualquer tipo de flauta, independentemente de preço.

Por fim, nosso foco recaiu sobre a articulação entre os conhecimentos teóricos e os aspectos técnicos para o fazer musical, abrangendo diferentes formações e estilos. O flautista deve buscar ampliar seu repertório, uma vez que essa é a única maneira de adquirir mais referenciais para apresentar a seus alunos. Indicamos peças solo, em duo e em quarteto, incluindo uma peça inspirada na estética e no registro da música contemporânea. A apreciação de obras diversas também foi apontada como uma forma de destacar a flauta doce como um versátil instrumento artístico e ampliar os referenciais dos alunos. Sugerimos, ainda, como organizar a prática do repertório para oferecer ferramentas para a prática autônoma de alunos e professores.

Em escolas regulares, livres, projetos sociais e aulas particulares, com crianças, jovens, adultos e idosos, busque oferecer a seus alunos a melhor forma de praticar, entender e apreciar a flauta doce. Com base nas contribuições desta obra, esperamos que você possa trilhar seus caminhos na prática e no ensino de flauta doce com conhecimento, autonomia e criticidade.

REFERÊNCIAS

AGUILAR, P. M. **A flauta doce no Brasil**: da chegada dos jesuítas à década de 1970. Tese (Doutorado em Música) – Universidade de São Paulo, São Paulo, 2017.

AGUILAR, P. M. Quando a flauta fala: uma exploração das amplas possibilidades de articulação na flauta doce. In: CONGRESSO DA ASSOCIAÇÃO NACIONAL DE PESQUISA E PÓS-GRADUAÇÃO EM MÚSICA (ANPPOM), 16., 2006, Brasília. **Anais**... Brasília, 2006. p. 638-642. Disponível em: <https://anppom.org.br/anais/anaiscongresso_anppom_2006/CDROM/COM/06_Com_Perf/sessao02/06COM_Perf_0201-122.pdf>. Acesso em: 6 jul. 2022.

AGUILAR, P. M. **Fala flauta**: um estudo sobre as articulações indicadas por Silvestro Ganassi (1535) e Bartolomeo Bismantova (1677) e sua aplicabilidade a intérpretes brasileiros de flauta doce. 164 f. Dissertação (Mestrado em Música) – Universidade Estadual de Campinas, Campinas, São Paulo, 2008.

ARAÚJO, S. **A evolução histórica da flauta até Boehm**. 1999. Disponível em: <https://sites.google.com/site/estudantesdeflautasite2/home/artigos2/a-evolucao-historica-da-flauta-ate-boehm>. Acesso em: 6 jul. 2022.

BEINEKE, V. O ensino de flauta doce na educação fundamental. In: HENTSCHKE, L.; DEL BEN, L. (Org.). **Ensino de música**: propostas para pensar e agir em sala de aula. São Paulo: Moderna, 2003. p. 83-100.

BRASIL. Lei n. 11.769, de 18 de agosto de 2008. **Diário Oficial da União**, Poder Legislativo, Brasília, DF, 19 ago. 2008. Disponível em: <http://www.planalto.gov.br/ccivil_03/_ato2007-2010/2008/lei/l11769.htm>. Acesso em: 6 jul. 2022.

BRASIL. Lei n. 13.278, de 2 de maio de 2016. **Diário Oficial da União**, Poder Legislativo, Brasília, DF, 3 maio. 2016. Disponível em: <http://www.planalto.gov.br/ccivil_03/_ato2015-2018/2016/lei/l13278.htm>. Acesso em: 6 jul. 2022.

CALLEGARI, P. A. **Ensino de flauta doce**: a prática da música antiga e da contemporânea no Curso de Música da UFU. In: CONGRESSO NACIONAL DA ABEM, 22., 2015.

CAMPOS, B. O.; KAISER, I. S. Flauta doce como instrumento democrático na alfabetização musical para crianças entre cinco a oito anos: uma experiência no setor de musicalização da UFRJ. In: ENCONTRO REGIONAL CENTRO-OESTE DA ASSOCIAÇÃO BRASILEIRA DE EDUCAÇÃO MUSICAL. EDUCAÇÃO MUSICAL EM TEMPOS DE CRISE: PERCEPÇÕES, IMPACTOS E ENFRENTAMENTOS, 15., 2018, Goiânia. **Anais**... Goiânia, 2018.

CASTELO, D. de F. C. **A técnica estendida como elemento veiculador da expressão musical na performance contemporânea da flauta doce**. Tese (Doutorado em Música) – Universidade Estadual Paulista Julio de Mesquita Filho, São Paulo, 2018.

CUERVO, L.; PEDRINI, L. Flauteando e criando: experiências e reflexões sobre criatividade na aula de música. **Revista Música na Educação Básica**, Porto Alegre, v. 2, p. 48-61, 2010.

ELLIOTT, D.; SILVERMAN, M. **Music Matters**: a Philosophy of Music Education. 2. ed. New York: Oxford University Press, 2015.

FER, P. L. de. **Epitome mvsical**: des tons, sons et accordz, es voix hvmaines, flevstes - d'Alleman, Fleustes à neuftrous, Violes, et Violons. [S. l.]: [S. n.], 1556. Disponível em: <https://s9.imslp.org/files/imglnks/usimg/e/ea/IMSLP496972-PMLP804786-Jambe_de_Fer_Epitome_Musical_1556.pdf>. Acesso em: 23 dez. 2022.

FONSECA, M. P. M.; CARDOSO, F.; GUIMARÃES, A. Fundamentos biomecânicos da postura e suas implicações na performance da flauta. **Per Musi Revista Acadêmica de Música**, n. 31, p. 86-107, jan.-jun. 2015. Disponível em: <http://musica.ufmg.br/permusi/permusi/port/numeros/31/num31_full.pdf>. Acesso em: 6 jul. 2022.

FRANCISCO, G. de. Devo usar apoio do polegar? **Quinta Essentia**. 3 fev. 2014. Blog. Disponível em: <https://quintaessentia.com.br/en/artigo/apoio-polegar/>. Acesso em: 6 jul. 2022.

FREIXEDAS, C. M. **Caminhos criativos no ensino da flauta doce**. Tese (Doutorado em Música) - Universidade de São Paulo, São Paulo, 2015.

GANASSI, S. **Opera Intitulata Fontegara**. Bolonha [Veneza]: Arnaldo Forni, 2002 [1535].

GREENSLEEVES: Alas, my love. Arranjo: Bernard Dewagtere. séc. XVI. Disponível em: <https://www.free-scores.com/download-sheet-music.php?pdf=44409>. Acesso em: 23 dez. 2022.

HAUWE, W. van. **The Modern Recorder Player**. London: Schott Music, 1984.

HUNT, E. The Recorder and Its Music. **Proceedings of the Royal Musical Association**, v. 75, n. 1, p. 39-51, 1948.

LASOCKI, D. Recorder. In: **The New Grove Dictionary of Music Online**. 2001. Disponível em: <https://doi.org/10.1093/gmo/9781561592630.article.23022>. Acesso em: 6 jul. 2022.

LEHMANN, A. C.; SLOBODA, J. A.; WOODY, R. H. **Psychology for Musicians**: Understanding and Acquiring the Skills. UK: Oxford University Press, 2007.

MERRIAM, A. O. **The Anthropology of Music**. Evanston: Northwestern University Press, 1964.

MOENS-HAENEN, G. Vibrato. In: **The New Grove Dictionary of Music Online**. 2001. Disponível em: <https://doi.org/10.1093/gmo/9781561592630.article.29287>. Acesso em: 6 jul. 2022.

MORAIS, D. V. de. **O material concreto na educação musical infantil**: uma análise das concepções docentes. 120 f. Dissertação (Mestrado em Música) – Universidade Federal de Minas Gerais, Belo Horizonte, 2009.

MUSICNOTES. **Our Go-to Routine**: 10 Essential Stretches for Musicians. 17 June 2014. Disponível em: <https://www.musicnotes.com/blog/2014/06/17/stretches-for-musicians>. Acesso em: 6 jul. 2022.

NORTH, A.; HARGREAVES, D. **The Social and Applied Psychology of Music**. New York: Oxford University Press, 2008.

PAOLIELLO, N. de O. **A flauta doce e sua dupla função como instrumento artístico e de iniciação musical**. Monografia (Licenciatura em Letras e Artes) – Universidade Federal do Estado do Rio de Janeiro, Rio de Janeiro, 2007.

PUCCI, M.; ALMEIDA, B. de. **Cantos da floresta**: iniciação ao universo musical indígena. São Paulo: Peirópolis, 2018.

RAY, S.; ANDREOLA, X. O alongamento muscular no cotidiano do performer musical: estudos, conceitos e aplicações. **Música Hodie**, Goiânia, v. 5, n. 1, p. 21-34, 2005. Disponível em: <https://www.revistas.ufg.br/musica/article/view/2652/11538>. Acesso em: 6 jul. 2022.

REIS, A.; DE BIAGGI, E. A homogeneidade sonora no quarteto de cordas: diferentes enfoques possíveis. In: CONGRESSO DA ASSOCIAÇÃO NACIONAL DE PESQUISA E PÓS-GRADUAÇÃO EM MÚSICA, 28., Manaus, 2018. **Anais**... Manaus, 2018. Disponível em: <shorturl.at/EGJP1>. Acesso em: 6 jul. 2022.

SLOBODA, J. **A mente musical**: a psicologia definitiva da música. Londrina: Eduel, 2008.

SOUZA, J. **Música, cotidiano e educação**. Porto Alegre: Programa de Pós-Graduação em Música do Instituto de Artes da UFRGS, 2000.

TETTAMANTI, G. da R. A flauta doce no Renascimento: instrumentos, conjuntos e repertório. In: SIMPÓSIO ACADÊMICO DE FLAUTA DOCE DA EMBAP: PALESTRAS, PESQUISAS E RELATOS, 3., 2015, Curitiba. **Anais**... Curitiba, 2015. p. 28-38.Disponível em: <http://www.embap.pr.gov.br/arquivos/File/Simposio_Academico_de_Flauta_Doce/III_Simposio_Flauta_Doce_/A_flauta_doce_no_Renascimento.pdf>. Acesso em: 6 jul. 2022.

TETTAMANTI, G. da R. **Silvestro Ganassi**: *Obra intitulada Fontegara* – um estudo sistemático do tratado abordando aspectos da técnica da flauta doce e da música instrumental do século XVI. Dissertação (Mestrado em Música), Universidade Estadual de Campinas, Campinas, 2010.

TIRLER, H. **Vamos tocar flauta doce**. 39. ed. São Leopoldo: Sinodal, 2020. v. 1.

WEICHSELBAUM, A. S.; PEREIRA, J. J. B. Transcrições para quarteto de flauta doce da obra *For Children* de Béla Bartok. In: SIMPÓSIO ACADÊMICO DE FLAUTA DOCE DA EMBAP, 5., Curitiba, 2019. **Anais**... Curitiba: Embap, 2019. p. 38-47.

BIBLIOGRAFIA COMENTADA

BARROS, D. C. **A flauta doce no século XX**: o exemplo do Brasil. Recife: Ed. da UFPE, 2010.

A autora apresenta o registro das obras de compositores brasileiros para a flauta doce. Esse catálogo da música brasileira inclui detalhes sobre a instrumentação e a análise dos conceitos estéticos e composicionais das obras.

BENNETT, R. **Uma breve história da música**. 2. ed. Rio de Janeiro: J. Zahar, 1986.

O livro trata dos períodos da música de concerto europeia, incluindo detalhes sobre as transformações que ocorreram ao longo do tempo. Há também indicações de repertórios e exercícios teóricos e de apreciação musical para fixar a apreensão dos conceitos.

FRANÇA, C. C. **A primeira flauta**. Belo Horizonte: Fino Traço, 2013.

Definido pela autora como uma "fábula visual sobre a origem da música", o livro tem como tema a descoberta dos sons na flauta de osso. Sem o uso do texto verbal, o livro é um recurso didático para abordar a origem da flauta, os usos da música nas civilizações antigas e outros projetos interdisciplinares.

GANASSI, S. **Opera Intitulata Fontegara**. Bolonha [Veneza]: Arnaldo Forni, 2002 [1535].

A obra é o primeiro tratado sobre flauta doce, na qual o autor versa sobre as questões da prática musical da música renascentista. Publicada pelo próprio autor, a obra foi também um recurso didático para os flautistas da época, visto que detalha informações sobre a prática e a interpretação. Revisitar a *Opera Intitulata Fontegara* é uma oportunidade de conhecer, na fonte, um importante capítulo da história da flauta doce.

GARCÍA, R. **Técnica Alexander para músicos**: la "zona de confort": salud y equilibrio en la música. Barcelona: Ma Non Troppo, 2016.

A chamada *técnica de Alexander* foi desenvolvida por Gerda Alexander e fundamenta-se na eutonia, que visa ao uso do tônus adequado para as atividades. O livro – em espanhol – utiliza os princípios dessa técnica voltada às questões específicas da prática instrumental e apresenta orientações, exercícios e imagens.

HAUWE, W. van. **The Modern Recorder Player**. London: Schott Music, 1984.

Essa é uma publicação de referência para quem toca flauta doce. Nela, o autor oferece o embasamento teórico e prático sobre aspectos essenciais, como postura, respiração e movimento dos dedos. O capítulo relativo à articulação apresenta diversos exercícios práticos sobre articulação simples, dupla, *legato*, *portato* e *staccato*.

PUCCI, M.; ALMEIDA, B. de. **Cantos da floresta**: iniciação ao universo musical indígena. Peirópolis, 2018.

Esse livro apresenta a diversidade da cultura indígena brasileira, contribuindo para a compreensão desse universo por vezes desconhecido. Voltado para o uso pedagógico, inclui um capítulo sobre a música de nove grupos indígenas: Kambeba, Paiter Surui, Ikolen-Gavião, Kaingang, Krenak, Guarani, Xavante, Yudjá e Povos do Rio Negro. No site <https://www.cantosdafloresta.com.br> estão disponíveis recursos didáticos para professores, incluindo arranjos instrumentais para flauta doce.

RESPOSTAS

Capítulo 1

Atividades de autoavaliação

1. a
2. c
3. b
4. b
5. d

Atividades de aprendizagem

Questões para reflexão

1. A resposta deve incluir as impressões do estudante com relação à sonoridade e à forma de tocar o instrumento.
2. A resposta deve indicar as opiniões relacionadas às crenças quanto ao uso da flauta doce, tais como público a que se destina e tipo de repertório que pode ser executado.

Capítulo 2

Atividades de autoavaliação

1. d
2. b
3. e
4. c
5. a

Atividades de aprendizagem

Questões para reflexão

1. A resposta deve indicar a realização de alongamentos e aquecimentos corporais antes, durante e depois das sessões de prática, além do uso do espelho como contribuição para a manutenção da postura correta.
2. A resposta deve evidenciar que os fundamentos básicos da postura, como a posição dos braços, das mãos e do instrumento em relação ao corpo, são aspectos essenciais na boa execução.

Capítulo 3

Atividades de autoavaliação

1. d
2. a
3. d
4. e
5. e

Atividades de aprendizagem

Questões para reflexão

1. A resposta deve incluir o desenvolvimento de exercícios específicos por parte do professor, que tenham como foco a prática de respiração e emissão do ar.
2. A resposta deve indicar o uso de atividades de percepção auditiva e a gravação com a flauta doce, na qual os estudantes podem perceber, auditivamente, o uso correto da emissão do ar.

Capítulo 4

Atividades de autoavaliação

1. d
2. c
3. d
4. b
5. b

Atividades de aprendizagem

Questões para reflexão

1. A resposta deve ressaltar que o uso da articulação colabora para que o início da nota seja claro e que essa definição contribui tanto para a afinação quanto para a emissão e o controle do ar.
2. A resposta deve indicar que a busca de informações em cursos, aulas e materiais, bem como a apreciação musical, pode contribuir para a conscientização acerca da importância do uso da articulação.

Capítulo 5

Atividades de autoavaliação

1. c
2. d
3. e
4. a
5. b

Atividades de aprendizagem

Questões para reflexão

1. A resposta deve indicar que o baixo custo e o tamanho menor fazem do modelo soprano o mais conhecido e utilizado.
2. A resposta deve apontar a relação entre sonoridade e material, bem como entre tamanho e modelo de construção dos instrumentos.

Capítulo 6

Atividades de autoavaliação

1. e
2. e
3. d
4. e
5. e

Atividades de aprendizagem

Questões para reflexão

1. A resposta deve indicar que o potencial expressivo do instrumento, presente em peças que exploram diferentes sonoridades e recursos técnicos, foi percebido tanto em conjunto com outras flautas e outros instrumentos quanto de modo solo.

2. A resposta deve contemplar a relevância da decisão do professor de incluir esse repertório no trabalho com a flauta doce tanto na prática artística quanto na docente.

SOBRE A AUTORA

Camile de Oliveira é doutoranda em Música, na linha de pesquisa Cognição/Educação Musical, pela Universidade Federal do Paraná (UFPR); mestre em Música também pela UFPR; especialista em Educação Musical pela Universidade Estadual do Paraná (Unespar); e licenciada em Música pela Escola de Música e Belas Artes do Paraná (Embap). Trabalhou como professora de música no ensino básico e em escolas livres com aulas de musicalização infantil, flauta doce e violino. Integrou conjuntos instrumentais, tocando flauta doce, violino, viola e rabeca. É docente da área de música em instituições de ensino superior públicas e privadas, com atuação em educação musical, educação musical inclusiva, estágio supervisionado e flauta doce.

Impressão:
Dezembro/2022